LA
PEINTURE ITALIENNE

DES ORIGINES AU XVIᵉ SIÈCLE

PAR

RENÉ SCHNEIDER

PROFESSEUR A LA FACULTÉ DES LETTRES DE L'UNIVERSITÉ DE PARIS

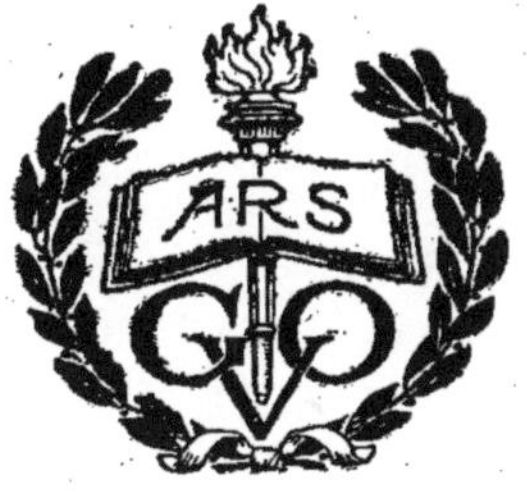

PARIS ET BRUXELLES

LES ÉDITIONS G. VAN OEST

—

1929

LA PEINTURE ITALIENNE

Volumes parus dans la même collection :

L'Art Égyptien, par Charles BOREUX.
Les Arts Musulmans, par Gaston MIGEON.
La Peinture des Vases Grecs, par Georges NICOLE.
La Sculpture Française du Moyen Age et de la Renaissance, par Marcel AUBERT.
La Peinture Hollandaise, par Mme Clotilde BRIÈRE-MISME.
La Sculpture Italienne, par Charles MARCEL-REYMOND.
L'Art Chrétien primitif et l'Art Byzantin, par Charles DIEHL, de l'Institut.
L'Art de l'Asie Occidentale ancienne, par Georges CONTENAU.
La Peinture Française du Moyen Age et de la Renaissance, par Louis GILLET.
L'Architecture Italienne, par Gabriel ROUCHÈS.
La Peinture Espagnole, par Pierre PARIS, de l'Institut.
L'Architecture et la Sculpture en Belgique, par Marcel LAURENT.
La Peinture Italienne (1er volume), par René SCHNEIDER.
L'Art Égéen, par Jean CHARBONNEAUX.

A paraître prochainement :

La Peinture Italienne (2e volume), par René SCHNEIDER.
La Sculpture Chinoise, par H. D'ARDENNE DE TIZAC.

BIBLIOTHÈQUE D'HISTOIRE DE L'ART

PUBLIÉE SOUS LA DIRECTION DE M. AUGUSTE MARGUILLIER

LA
PEINTURE ITALIENNE

DES ORIGINES AU XVIe SIÈCLE

PAR

RENÉ SCHNEIDER

PROFESSEUR A LA FACULTÉ DES LETTRES DE L'UNIVERSITÉ DE PARIS

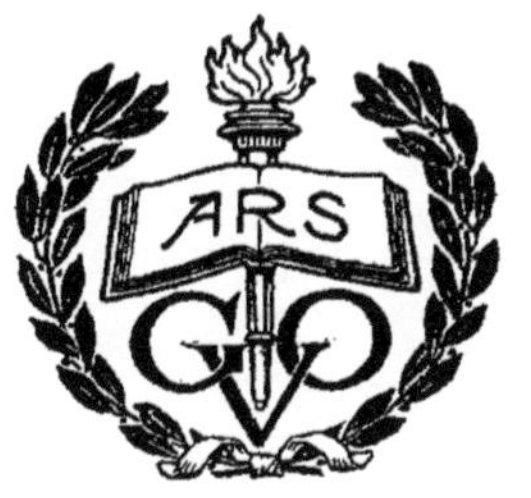

PARIS ET BRUXELLES

LES ÉDITIONS G. VAN OEST

1929

LA PEINTURE ITALIENNE

CHAPITRE PREMIER

LE TRECENTO

Il n'y a pas d'École de peinture en Europe qui offre dans une pareille diversité une courbe aussi continue que la peinture italienne, surtout à Florence. De Cimabué ou de Giotto à Michel-Ange, une logique inéluctable développe le progrès. Après, la même logique réglera le rythme des actions et réactions. Aussi n'y a-t-il de vraie Renaissance, au sens strict, qu'au début même de cette magnifique évolution, à la fin du XIIIe siècle, au moment où l'art italien quitte le formalisme gréco-oriental pour découvrir la vie[1].

Jusque-là, il y a bien des peintres italiens, mais la vision byzantine des *maestri greci* pèse sur eux. En Toscane ou à Rome elle confère sans doute aux mosaïques absidales (Saint-Paul-hors-les-murs, 1218), les qualités essentielles de l'art byzantin, la majesté monumentale et le somptueux coloris, mais aussi le hiératisme solennel qui convient à un art d'esprit théologique et symbolique. A la fresque, comme celle de l'oratoire de Saint-Silvestre à Rome, elle impose la juxtaposition des personnages rigides, aux figures longues et maigres, trouées d'énormes yeux fixes. Des plis anguleux et secs les habillent. Lorsque la peinture descend du mur sur le panneau on pourrait croire qu'elle prend ses aises, d'autant plus que la *tempera* (peinture à la détrempe), qui fait ici ses débuts, est une technique plus souple. Il n'en est rien. La personnalité de Berlinghieri de Lucques, de Giunta de Pise, de Margaritone d'Arezzo, de Guido de Sienne (pl. I), reste pour nous enveloppée de brume ; mais nous connaissons bien leur art. Malgré ses efforts vers le portrait, qui est la vie, il est voué par sa nature à la douleur et à la mort. C'est à des *Crucifix* qu'il se consacre, tels celui du XIIe siècle autrefois à la chapelle Saint-Damien, conservé aujourd'hui à la basilique Sainte-Claire d'Assise (pl. I), ou celui de Giunta également à

1. Sur la période byzantine de la peinture italienne, voir le volume de M. Charles Diehl paru dans cette « Bibliothèque d'histoire de l'art » : *L'art chrétien primitif et l'art byzantin.*

Assise dans la basilique inférieure de Saint-François (1236), peints en coloris verdâtre sur des planches en croix, modelés à coups de hachures brunes, pour la plupart décharnés, déjetés. Tout autour, de petites compositions quadrangulaires commentent de leur récit saccadé l'agonie divine. C'est le Christ douloureux, que l'art byzantin a substitué à l'ancien Christ triomphant. Par la vertu même de la douleur il conquiert dès le milieu du xiiie siècle cette Italie inquiète, que commence à travailler l'esprit de saint François. Il serait d'ailleurs injuste de méconnaître l'effet de ces effigies réalistes. Leur arabesque tourmentée n'est pas incapacité, mais recherche d'expression ; leur grimace est souffrance, leur ton verdâtre même peut passer pour franchise implacable. Pourtant cet art impressionnant est bien rudimentaire : il ne commence rien, mais finit un monde dans son « *Lamma Sabactani* ».

D'où est venue la renaissance ? De Florence, patrie de Cimabué ? de Sienne avec Duccio ? ou de Rome avec Pietro Cavallini ? De presque partout à la fois sans doute, dans cette Italie de la fin du xiiie siècle travaillée par des forces nouvelles. Ce qui est certain, c'est que mosaïque, fresque, ou panneau d'autel vaste comme une paroi, la peinture italienne naît sur le mur et sous son autorité. Son destin propre sera de décorer, et de la décoration elle recevra sa loi, qui est le style.

Du Florentin Cimabué, mosaïste et fresquiste, nous ne savons au juste ce qui nous reste, et du Siennois Duccio nous n'avons de formellement authentique que la *Maestà* du Dôme de Sienne (1310) (pl. IX). Mais sous leur nom collectif on peut grouper les grandes *Madones* de Turin, de Londres, de Paris (pl. II), de Santa Maria Novella et de l'Académie à Florence. La grande *Madone* dite *Madone Ruccellai*, à Santa Maria Novella, révèle à n'en pas douter Duccio di Buoninsegna (1285). Certes l'emprise byzantine est encore sur eux : ce sont byzantins de Toscane, frères de ceux qui là-bas, plus près de « Byzance », couvrent les murs des églises de Serbie et de Mistra. Mais leur byzantinisme est déjà plus libre, plus vivant. Que leur art s'exprime par des *Madones* plus volontiers que par des *Crucifix*, c'est très significatif. Près de l'horrible torsion du supplicié, voici la douceur grave de la Femme entre les femmes. Plus grande que nature et solennellement assise sur un trône, elle penche vers l'Enfant, qu'elle tient entre ses mains effilées, l'ovale de son visage où des yeux trop grands poursuivent un rêve sans fin. Le nez, courbé et pincé, cherche la ligne. La beauté s'essaie, très timide. Autour d'elle un thème vieux comme les Étrusques, mais adapté par ces Toscans au sentiment nouveau, répand un pathétique charmant : des anges veillent sur elle, inclinés sur le dossier de sa cathèdre avec un intérêt affectueux. Autour de la Madone de Duccio ils s'attendrissent dans une suavité qui sera le génie propre de Sienne. Ici même, à la périphérie et sur la face postérieure, des scènes pleines d'émotion disent le goût de la vie multiple et foisonnante, peut-être aussi la vitalité de l'art monastique venu de Mésopotamie, de Syrie, d'Égypte, par les icones et les miniatures, pour prolonger le cri de la sensibilité populaire. C'est ce même art populaire et mystique venu d'Orient, art de douleur mouvementée, qui se retrouve aux fresques de l'abside de San Pietro in Tuscania : il lance dans l'espace, autour du Christ, les bras désespérés des anges. Et voici que le coloris s'éclaircit. Si autour de la Madone le fond est d'or battu, si le ton des chairs reste verdâtre, la robe aux plis rehaussés d'or a déjà le bleu des eaux profondes. Malgré tout, il reste du grec dans cet art en train de « renaître ». De même que les bleus riches reflètent celui qui dort dans l'art byzantin par excellence, aux mosaïques basilicales, le goût de l'arabesque, l'habitude de chercher dans la forme humaine, le décor, un peu de l'abstraction du symbolisme théologique, perpétuent les grands schémas byzantins.

C'est sur une autre note que Pietro Cavallini (vers 1273-vers 1316) annonce le réveil. La part de ce maître magnifique dans l'apport commun, c'est celle de Rome. Élevé à l'école des Cosmati, il les aide dans leurs décorations de mosaïques. Ce que nous connaissons ou savons des siennes à Sainte-Marie du Transtévère (1291), de ses fresques de Sainte-Cécile du Transtévère, de Saint-Georges au Vélabre (1296), de Saint-Paul-hors-les-murs, révèle un art tout romain par la virilité et l'énergie. Il a quelque chose d'impérial. C'est fini de la maigreur sèche des Grecs : la figure est ronde, la forme pleine, le manteau ample et de grand jet. La largeur du style confère au Christ du *Jugement dernier* de Sainte-Cécile à Rome (pl. III) la gravité sénatoriale. Le *Christ aux outrages* d'Assise, qu'il soit de lui ou d'un de ses compagnons, est la première peinture qui réalise le rêve émouvant de la Renaissance : exprimer par des formes antiques le sentiment moderne. C'est bien un reflet de la grandeur romaine, toujours vivante sur ce sol, qui éclaire ces figures sobres et fières. Ainsi la Rome d'Innocent III, héritière par delà le Moyen Age de celle de Constantin, aurait, avant Florence et Sienne ou en même temps qu'elles, brisé la formule byzantine, tout en en gardant quelques morceaux.

En effet, la Ville pontificale n'a pris malgré tout qu'une demi-revanche sur celle du Basileus et du Pantocrator. La révélation définitive, en dépit des revenez-y, c'est Florence qui l'apporte avec le génie de Giotto di Bondone (vers 1266-1337). Celui-ci est un des géants de l'histoire de l'art : il porte en lui un monde, comme Michel-Ange. Avec lui se décide la primauté de la Toscane et s'ouvre la suite des progrès techniques que poursuivra l'insatiable esprit de recherche des Florentins.

Non qu'il ait tout tiré de rien. Nul, au contraire, ne doit plus à ses prédécesseurs. Dans ses fresques d'Assise et de la chapelle de l'Arena à Padoue abondent les souvenirs de monuments et de statues antiques, avec leur plénitude ferme et leur rythme stable. Des fresques byzantines de Mistra, des œuvres italo-grecques, lui sont parvenus des thèmes iconographiques, c'est-à-dire des attitudes et des gestes mouvementés. De plus loin encore lui vient l'ordonnance générale des scènes les plus tragiques de l'Évangile. Le *Christ mort* de l'Arena (pl. IV), sur lequel gémit la plainte de Marie, est avec plus de violence un de ces thrènes que les moines de Cappadoce ou de Syrie peignaient avec leur cœur exalté par la solitude. D'Orient aussi le geste de sainte Claire étreignant le cadavre de saint François qu'elle ne verra plus. Comme il inaugure dans la peinture italienne, avec Cavallini, le sens plastique, la forme substantielle et pleine, qu'il compose en bas-relief la *Mort de saint François* à Santa Croce (pl. V), et que du reste il a lui-même sculpté, quel moyen de douter qu'il ait connu, au moins par des intermédiaires pisans la sculpture monumentale de nos cathédrales et nos ivoires, déjà frémissants du drame de la Passion ? Pour l'incliner encore où penchait son génie, pendant que ses contemporains Cimabué et Duccio s'engageaient timidement dans la voie nouvelle et que Cavallini, qui fut peut-être son maître, lui apportait la grande leçon des fresquistes et mosaïstes romains, Rome encore, Rome toujours, où les derniers Cosmati sculptaient lourdement les tombeaux du cardinal Gonzalvo à Sainte-Marie-Majeure (1299) et de Guillaume Durand à la Minerve (1296), fortifiait en lui le sentiment de la forme dans l'espace.

Mais ces influences sont surtout techniques. Pour assouplir à l'expression l'arabesque et la plastique il fallait la hantise du Poverello, qui vient de mourir en 1226, mais demeure plus vivant que jamais dans l'imagination des artistes comme dans le cœur des fidèles, dont il a libéré la puissance d'aimer. En attendant que Giotto vienne, dans cette Ombrie que saint François a foulée de ses pieds nus, décorer de sa légende la basilique érigée à Assise au-dessus de sa dépouille, l'art veut perpétuer les traits de celui qui recommença Jésus en souffrant sa Passion. Saint François suscite dans la peinture italienne dès le premier tiers du xiiie siècle ce double de la personne humaine : le portrait. Car le sien, par un élève romain des Cosmati au Sacro Speco de Subiaco (vers 1228), puis par Giunta, par Berlinghieri, par Margheritone, est bien le premier portrait d'une Idée, non portrait authentique, car ces effigies posthumes ne se ressemblent pas plus entre elles qu'elles ne ressemblent à l'original déjà légendaire qui est entré en Dieu. Mais c'est déjà beaucoup qu'on cherche à caractériser l'idée même de l'Ascète. Après les figures si souvent supra-terrestres de l'art byzantin, c'est un heureux avènement : celui du type déterminé en qui se résume une famille d'individus. Il semble bien, du reste, que la figure si individualisée, si conforme à la description précise du saint par Thomas da Celano, peinte à fresque au xiiie siècle dans la petite église de San Giovanni e ¡Paolo à Spolète, soit cette fois un portrait authentique. Dans ces anciens portraits (que Giotto modifiera) c'est le pur mystique, sorte de moine barbu, dont la fièvre mange les joues et brûle les yeux immenses (*Vierge entre des anges avec saint François*, dans la basilique inférieure d'Assise ; pl. III).

Et puis, saint François amène les peintres à la vie contemporaine. On reverra bien encore, surtout sur des parois, le grand symbolisme théologique qui incline aux majestés solennelles du dessin, mais pas dans le cycle franciscain. Ici, au contraire, le style narratif va chercher à saisir dans son mouvement l'activité quotidienne du saint, et bientôt du premier modèle venu, dans le cadre familier de la cité ou les horizons du pays. Conter la vie vivante, en ses épisodes successifs, en son devenir, voilà qui est nouveau en Italie. La cinématographie picturale va la dérouler sur le mur avec une vivacité d'allure qui ne fera que croître. Le « dynamisme » pénètre dans l'art italien en ramenant le divin à la mesure du rythme humain.

Enfin, le saint qui ensorcelle les loups, qui prêche aux oiseaux et chante notre frère le Soleil, insinue dans le cœur des artistes, qui sont des artisans près des choses, l'amour de la vie universelle. Voici rentrés dans l'art, où la hiérarchique Byzance les admettait à contre-cœur, l'animal et la plante, qui sont nos frères. L'âne et les brebis vivent dans les fresques de Giotto comme les fables sur la Fontaine Majeure de Pérouse. Car saint François est un merveilleux fabuliste, qui vit la fable avant de la conter, et avec le miracle en plus. L'horizon de la peinture s'élargit. Peut-être même, en secouant la sensibilité, en apprenant aux artistes la vertu artistique de la douleur, en mimant les scènes qui deviendront les *sagre rappresentazioni*, a-t-il rendu possible non seulement ce qu'il y a de dramatique dans l'œuvre de Giotto, mais ce qui s'y est glissé d'amour violent, désespéré. L'âme de Giotto n'est pas franciscaine comme celle des Siennois. Pourtant la *Crucifixion* de l'Arena, si frénétique chez les vocératrices à bouche écartelée qui projettent leurs bras dans l'espace, nous oblige à évoquer, avec les *lamentos* des fresques syriennes, l'émotivité que le nouvel Évangile d'amour a éveillé dans les cœurs.

Voici donc le héros du « Risorgimento ». Il se lève au début du XIVᵉ siècle dans l'active Étrurie, qui avait déjà été le berceau de la civilisation romaine. Elle donne maintenant à l'Italie Giotto presque en même temps que Dante qu'il portraiture et qui le célèbre, et Simone di Martino de Sienne en même temps que son héraut Pétrarque.

Comme spontanément, il suscite les grandes formes adéquates. Certes le tableau d'autel, l'*ancona*, va faire fortune, jusqu'à concurrencer la fresque et la mosaïque sacerdotale. Haut comme un mur, encadré d'architectures, il s'appuie inférieurement sur une prédelle qui commente en petites scènes vivantes le grand sujet théologique et dogmatique. Ici, dans ces cadres exigus, fleurit le miracle en détail, c'est-à-dire la petite merveille de poésie. C'est l'Italie, toujours nouvelliste, qui invente cette suite narrative, reste des petits panneaux peints autour du panneau central des anciens polyptyques. Il faut voir le parti qu'en tire le peintre qui déroula au-dessous du *Saint François stigmatisé*, au Louvre, une suite d'exquis *Fioretti*. Ainsi monumentalement présenté au cœur du sanctuaire, peint *a tempera* sur fond d'or, éblouissant, le puissant retable va fournir aliment à la piété des fidèles. Mais c'est la fresque qui se charge de la combler. Voici l'héritière authentique de la mosaïque, qui disparaît peu à peu : pariétale comme elle, mais souple et maniable, apte à

exprimer la vie comme la pensée, puisqu'elle a la promptitude de l'exécution,
un fond qui commence à creuser le mur, la clarté du ton et la largeur du style.
Le Trecento est l'âge d'or de la fresque. Comme la miniature a déterminé
la peinture française, et la gravure la peinture allemande, elle détermine la
loi de la peinture nationale italienne. Jusque sur le tableau celle-ci gardera
toujours, dans une certaine noblesse de l'ordonnance, dans la grande démarche
du dessin, le souvenir de ses origines. Art collectif, réalisé par tout un atelier
sous la discipline d'un maître qui compose les cartons ; art public étalé sur
les parois pleines de l'église, du Campo Santo, du palais de la Signoria ou du
Podestat, elle exprime devant tous et pour tous la pensée commune. Livre du
peuple, la fresque est à l'Italie ce qu'est à nous la sculpture des cathédrales.
Grand dessin colorié, elle s'offre en idéogramme chargé de sens, et, en ce temps
que Dante résume, aussi ample que la pensée elle-même. Comme la *Divine
Comédie*, elle s'ordonne et s'organise en vastes ensembles qui sont des « Sommes »
ou des « Cycles ». A Florence, à Pise, à Sienne, à Rome et même à Naples, quand
le badigeon nous rend ce qu'il recouvrait, on reste confondu de la puissance
de cet âge, qui en art comme en poésie crée des mondes.

Giotto ne livre entièrement son génie que dans la peinture monumentale :
Vie de saint François dans la basilique d'Assise (de 1296 à 1315) et à Santa Croce,
Jugement dernier au Bargello, fresques de Saint-Jean-de-Latran (vers 1300),
Histoire de la Vierge et du Christ dans la chapelle de l'Arena de Padoue (vers
1305), toujours le sens du drame contracte spontanément la composition. La
Lamentation sur le corps du Christ à l'Arena (pl. IV) est un exemple saisissant
de cette force de concentration du plus puissant des dramaturges. Il est si sûr
de sa maîtrise qu'il joue même les silences, et au cœur de la scène. Pour la
première fois nous nous apercevons que l'espace vide peut être plus expressif
que le morceau de vie qui y est peint. Jamais, pas même dans la fresque
d'*Héliodore* de Raphaël, il n'y en eut de si éloquent qu'à Assise dans la scène
du manteau jeté sous les pieds du saint. A l'Arena, la *Vision de Joachim*
s'enveloppe d'une solitude qui est le vrai protagoniste de la scène. Et pourtant, à l'épisode émouvant la foule est accourue et participe. A vrai
dire elle était déjà entrée dans la peinture italienne avec Cavallini et
Duccio, mais maintenant elle fait comme les choreutes dans le drame grec :
elle le souligne par l'intérêt passionné qu'elle y prend et la convergence de ses

gestes. D'elle-même elle s'organise, équilibre ses masses, à moins qu'elle ne les porte soudain sur un même point, comme à Assise autour du cadavre de saint François pour le dernier adieu. Le mouvement se déploie en attitudes vues, parfois même avec une audace que les quattrocentistes n'oseront renouveler : dans la *Cène* (Arena) la moitié des disciples assis sont aperçus de dos, dos frustes de plébéiens, saillants, énormes, peints à grands plans dans la lumière. Le geste se fait vif et coupe largement l'espace ; la figure pleure, crie ou prie. Sa force d'expression a même raison de la convention du type. Celui-ci, en effet, est monotone : crâne étroit, profil fin, rayé de petits yeux tirés vers les tempes, au-dessus d'un menton formidable. Bons et méchants se ressemblent. Pourtant, regardons de près : un vague sourire révèle le désir d'éveiller au coin de la bouche et des yeux un mouvement de lumière, qui devient un mouvement de l'âme. Le chagrin ou la colère bousculent le rythme établi. *Jésus flagellé* ou *Jésus en croix* (Arena) est pénible par l'expression implacable de la souffrance. Et voici que le portrait se précise. Le choc de la réalité la plus particulière qui soit, la personne humaine, est violent sur un artiste de cette trempe : il réagit spontanément. Le portrait abonde dans ses fresques. C'est lui qui, en fixant dans le *Jugement dernier*, au Bargello, les traits de Dante, nous assure qu'en dépit du masque de Naples qui perpétue la figure amère de l'exilé, le poète de la *Vita nuova* a été jeune comme tout le monde. Et autour du portrait c'est le va-et-vient de la vie du temps, avec ses costumes et son décor, dans des architectures composées par une fantaisie capricieuse avec les motifs d'Arnolfo di Cambio et des Cosmati. Chez Giotto, le présent chasse les siècles.

Qu'importe que la convention bouscule la perspective jusqu'à faire de la cellule de *Saint François recevant les stigmates*, au premier plan, une niche à chien ! Tout le Moyen Age, avec sa prédilection pour les valeurs spirituelles, est dans cette insouciance ; et notre néo-archaïsme ne se fait pas scrupule d'y revenir. Ce réaliste ne restreint l'accessoire que pour dégager l'essentiel. Son parti pris est d'une vérité bien plus haute que la vraisemblance optique. C'est dire que l'humanité domine, impérieusement. Cependant, autour de ces êtres qui nous apparaissent si neufs, même après Duccio, se développe souvent le ciel bleu, qui est bien plus nouveau encore après les fonds d'or byzantins et siennois. L'espace envoûte toujours ces scènes, vivant, expressif. Le fond est un peu bouché encore ; le secret de le creuser, la profondeur, ne se révélera guère qu'à Masaccio. Mais un sentiment discret de la nature indique à larges traits un paysage de rocs coupants où coule une source, un coin de prairie où les oiseaux viennent se poser au pied d'un arbre à peine stylisé. La convention générale est faite d'éléments donnés par l'observation. Pour laisser parler le grand contour, le ton reste clair. C'est donc fini des bruns cuivrés des disciples de Byzance. Très peu de clair-obscur ; mais, à force de précision, le dessin suggère la plénitude du corps, qui bombe et se projette hors de la toile en vigoureux relief, sous l'amplitude grave des vêtements. Voilà comment Giotto recrée la peinture italienne.

Sa personnalité puissante obnubile celle des autres peintres florentins du Trecento, mais sans l'étouffer. Nous n'en sommes plus à condamner en bloc ses successeurs ou disciples sous l'épithète dédaigneuse de « giottesques ». Ce sont de beaux décorateurs encore, assez puissants pour déployer, eux aussi, de vastes cycles et assez doués pour y insinuer de précieuses nouveautés. Les giottesques dépassent même souvent Giotto par la fraîcheur du coloris et la beauté des formes. Taddeo Gaddi, son disciple († 1366), n'a certes pas sa force de concentration quand il conte à Santa Croce la *Vie de la Vierge* (pl. VI). Il s'attarde aux détails pittoresques, aux fines architectures, aux figurants ; mais cette flânerie même est un agrément qui a séduit nos miniaturistes du XIVe siècle. Spinello Aretino († 1410), dans la *Vie de saint Benoît* à San Miniato, dessine brutalement les figures de soldats : c'est le peintre militaire de l'équipe. Orcagna († 1368) touche d'un doigt souple tout le clavier des sentiments : affrontant le cycle dantesque à Santa Maria Novella, il marque l'horreur sacrée du *Jugement dernier*, mais découvre au *Paradis* (pl. VII) l'exquise beauté de la femme au moment même où Pétrarque et Boccace s'apprêtent à la célébrer amoureusement. Il la sertit d'un dessin délicat et la caresse de couleurs tendres. Enfin, l'auteur du *Triomphe de la Mort* au Campo Santo de Pise, peut-être Francesco Traini (dates incertaines) avec des auxiliaires siennois et florentins, représente sur un programme dominicain une de ces « moralités » où se délectaient alors les moines. : *Ermites dans la Thébaïde, Dit des trois Morts et des trois Vifs* conté avec une franchise naturaliste qui se pourlèche de sanie macabre, voluptueuse cour d'amour sous les orangers (pl. VIII), ce raccourci de la vie sociale du temps se développe en épisodes sans lien, juxtaposés brusquement, d'un dessin tour à tour saccadé ou caressant, d'autant plus lisible que le coloris le laisse parler. Tout autour, un paysage bousculé qui monte sans scrupule jusqu'au haut du mur. Grand style de décor, et dans une superbe élévation de pensée.

L'histoire de l'art cherche parfois à distinguer les œuvres inspirées par les deux grands Ordres mendiants qui soutiennent alors le « Latran », c'est-à-dire l'Église : franciscains et dominicains. Les unes, dit-on, sont imprégnées de l'amour frais de la vie ; elles ont le naturel, même familier, et le mouvement d'un beau conte : Giotto à Assise en a donné les modèles. Les autres sont des allégories dogmatiques imposantes et calmes, conformes à l'esprit de saint Thomas d'Aquin : les fresques de la chapelle des Espagnols à Florence et du Campo Santo de Pise en sont les doctes exemples. Mais superficielle est la distinction, puisque Giotto ou un giottesque a peint pour les franciscains dans la basilique inférieure d'Assise les tranquilles *Allégories des Vertus franciscaines*, et qu'à la chapelle des Espagnols, chez les dominicains, passe le drame mouvementé du *Calvaire*. Et en art, qui est l'essentiel, elle est vaine : à Assise, à Pise, Florentins et Siennois, qui sont tous plus ou moins des giottesques, ont confondu leurs talents, que la critique la plus aiguë a grand'peine à discerner.

Le rayonnement de Giotto s'étend de Padoue à Naples. Il pénètre même la menaçante rivale de Florence, l'antique Sienne. Gardons-nous, en effet, de forcer les traits pour avoir les contrastes : l'art rapproche ce que la guerre a séparé. Pourtant Sienne est si grande au XIVe siècle, et son école a en Duccio un chef de file si personnel, que l'originalité tranche partout. L'influence de la miniature, fleur des cloîtres, s'y mêle à un diffus parfum d'Orient. La peinture siennoise est le dernier avatar de l'art byzantin, mais surtout de celui de Mistra et, par delà, des fresques passionnées que les moines de Cappadoce avaient peintes avec leur cœur, là-bas, sur les parois des grottes. Le *Crucifiement* de la basilique inférieure d'Assise, le petit panneau de Simone di Martino (Anvers), où la mère désespérée s'effondre sur le cadavre de son fils, sont des *lamentos* qui résonnent de très loin. On y entend la plainte du vieil Orient, qui n'a cessé d'Adonis à Jésus. Pourtant l'école préfère l'élégance à la force et la Madone paisible au drame religieux. Des passionnés, oui, mais d'un sentiment plus naïf et plus doux, qui s'exprime dans un art volontiers traditionnel jusqu'à l'archaïsme. Aussi la peinture est-elle l'art favori de Sienne. Bien qu'elle ait connu l'œuvre de Rome et de Pise, le génie plastique, le relief, lui manquera toujours. Et c'est peut-être ici le contraste le plus frappant avec Giotto, père des puissants constructeurs de la forme. Le tableau est plus fréquent qu'à Florence ; le dessin, plus délicat, y allonge l'ovale et l'amande presque chinoise des yeux, étire les mains et les doigts. La courbe lente, expressive de la grâce, est son rythme ; elle laisse chanter la couleur très fraîche sur le perpétuel fond d'or.

Duccio di Buoninsegna (qui travaille entre 1285 et 1320) ne satisfait qu'à demi à cet idéal. Un peu plus ancien que Giotto, il est le héros du Dugento siennois, l'ancêtre. Le formalisme byzantin pèse encore sur lui. Du reste il ne peint que le panneau, à la détrempe, tandis que le grand art de la fresque renaît ailleurs. Enfin, obsédé de la technique des miniaturistes, il use encore de ces archaïques préparations vertes qui ont quelque chose de morbide ; il ne fait qu'y ajouter les lumières. Mais il y a l'avidité de la vie multiple, des grouillements de foule, dans les vingt-six scènes de la *Vie du Christ* qui se déroulent derrière la *Madone* de l'Œuvre du Dôme (1311). Autour de la *Maestà* elle-même (pl. IX) les anges ont déjà une douceur rêveuse que ni l'art byzantin ni Giotto n'avaient trouvée. Dans ce rythme doux du contour, dans ce regard un peu voilé par la paupière, dort le type très original de ce qui va être la Madone siennoise.

C'est son élève Simone di Martino (vers 1284-1344) qui le dégage. La pénétrante influence gothique venue par la miniature s'est probablement associée à la tradition byzantine de Duccio pour l'y aider. Toujours est-il que cet artiste attirant a répandu à Sienne où il est né, à Assise, à Pise, à Naples, à Avignon où il arrive vers 1339 et meurt en 1344, les émois de son cœur, bien plus proche de saint François que Giotto. Non qu'il ne sache conter avec force quand il le faut la légende dorée d'un saint soldat, comme celle de *Saint Martin* à la basilique inférieure à Assise, et camper en belle allure un condottiere comme le portrait équestre de *Guidoriccio* (1328) au Palais public de Sienne. Il est même tout secoué, dans les petits panneaux d'Anvers, des violences de la *Passion* qu'il a vues sur des modèles orientaux. C'est lui, c'est Sienne, qui a le plus exploité la veine d'art populaire qui, en dehors de la tradition byzantine officielle et de la tradition romaine de Cavallini, perpétue de la Syrie jusqu'à lui le *spasimo* et le sanglot. Mais le charme grave est sa vocation. Il fait la nouveauté de la *Maestà* (1315) peinte à fresque dans la salle du Grand Conseil à Sienne et de toutes ses Madones immobiles sur fond d'or, modelées dans le clair, relevant du bleu profond de leur manteau la blondeur de leur teint où fleurit toujours un peu de rose. Le gris verdâtre de Duccio s'épanouit maintenant en coloris chantant, et les tons francs de la miniature se fondent en harmonie. Jamais ne serait née dans le giottisme florentin une œuvre de pudeur aussi exquise de technique et de sentiment que l'*Annonciation* des Offices (1333) : composition toute en vides pleins d'âme ; Vierge retournée sur elle-même en pudeur effarouchée ; dessin pincé et menu jusqu'à la mièvrerie ; coloris clair et caressant sur l'or du fond, et, enveloppant le tout, le grand silence de Sienne (pl. X) Notre France du xive siècle, grands seigneurs qui visitaient Avignon, dessinateur du *Parement de Narbonne*, miniaturistes, peintres, ont cédé à cette séduction pénétrante ; à plus forte raison l'entourage de Simone, à commencer par son beau-frère Lippo Memmi (après 1317-1357 ?), dont les Madones à tête penchée ont, sous leur paupière baissée, une douceur mélancolique qui tourne à la formule.

Pendant que Simone et Lippo Memmi caressent la suavité du visage féminin, les frères Lorenzetti apportent une autre note, qui n'est qu'à eux. Ceux-là sont des fresquistes, et qui ont senti la grandeur de Giotto. Pietro († vers 1350), dans ses *Descente de croix* et *Crucifixion* d'Assise (basilique inférieure) et de San Francesco de Sienne, en exagérant jusqu'à la grimace la technique de la souffrance, annonce les cruautés de Matteo di Giovanni. Décidément, il y a tout un côté de frénésie dans cette douce Sienne. Ambrogio († vers 1348) fixe sur les murs du Palais public, dans les fresques allégoriques du *Bon* et du *Mauvais gouvernement* (pl. XI), des nouveautés bien précieuses. Jamais Giotto n'a senti l'Antiquité comme ce citoyen de « Sena vetus » qui peint la *Paix* (pl. XII) et les *Saisons* comme un décorateur de Pompéi, avec un ovale plein , des yeux ronds, et une robe fluide, transparente, qui moule le corps à petits plis. La Renaissance elle-même, dans les *Trois Grâces* de Botticelli, fera moins bien. Quant au paysage, il va sans dire que c'est la vision panoramique et toute en largeur, pour être regardée de tous les points de vue en décor de tapisserie. Au lieu d'englober la nature d'un regard, on nous la fait savourer en détail, successivement. Mais voici l'apport précieux. Tandis que Giotto, généralisateur puissant, ne la caractérisait pas, voici les environs de Sienne aux collines onduleuses et jaunâtres ; et tandis que l'horizon était fermé, le voici qui, tout en montant presque jusqu'à la bordure comme si les choses étaient vues du sommet de la tour du Palais public, recule enfin en profondeur, une colline cachant l'autre à demi. Cette fois, c'est bien la vraie perspective qui joue à cache-cache avant de se montrer, avant Masaccio.

Enfin il fallait que la force d'expansion du giottisme atteignît le Nord. Padoue, où le maître avait fait en 1306 le chef-d'œuvre de l'Arena, y était prédestinée. Deux Véronais, Altichieri et Jacopo d'Avanzo, l'apportent en 1376 et 1377 dans l'église du Santo et la chapelle Saint-Georges. Une fois de plus, la comparaison révèle ce que les giottesques ajoutent à l'art qui les avait eux-mêmes suscités. Dans ces *Légendes de saint Jacques et de saint Georges* la forme assouplie est bien plus agile que les blocs compacts de Giotto. Un mouvement de cinéma emporte telle scène de supplice, encadrée d'architectures désormais plus vraisemblables et plus stables. Le nu est « nature », et voici que ces gens du Nord cherchent dans la richesse du coloris, dans le dégradé des tons, une puissance d'émouvoir que les Florentins demandaient surtout à la graphie du dessin.

Malgré tout, l'ombre de Giotto est sur eux. Il reste que le Trecento est l'ère heureuse des vrais Primitifs. Ni par l'observation empirique, ni par les règles, il ne sait encore (bien qu'il s'y essaie) réussir le dangereux mensonge qui deviendra un jour l'objet essentiel de l'art : donner l'illusion achevée du réel. Il aspire à la science, sans la posséder. Ce « progrès » néfaste, fatal comme le vieillissement organique, est en marche. Avec le Quattrocento il va faire de grands pas, sans pourtant étouffer les deux qualités qui rachètent la maîtrise technique : la vie et les valeurs spirituelles.

CHAPITRE II

LE QUATTROCENTO A FLORENCE

L'intelligente, la chercheuse Florence domine le monde nouveau où nous entrons. Mais précisément elle est trop intelligente pour ne pas mettre à profit, avec la grande leçon de son fils Giotto, celles qui lui viennent d'ailleurs.

Du Nord d'abord. Deux peintres septentrionaux lui apportent dès le début du siècle l'appétit de la vie extérieure, savoureuse et gaie. Gentile da Fabriano (1370-1450) est Ombrien, Pisanello (1394-1455) Véronais, et tous deux ont travaillé ensemble à Venise vers 1420. Ils introduisent à Florence, de qui ils reçoivent d'ailleurs autant qu'ils lui donnent, la curiosité amusée des beaux spectacles, de la vie en fête et de la nature en liesse. Évidemment le naturalisme de Gentile s'offre sous un aspect bien archaïque encore : dorure gaufrée, éclatant en relief dans la fraîcheur d'un coloris qui garde les tons de la miniature, dessin très précis qui ciselle en détail l'*Adoration des Mages* (Galerie des Offices, à Florence, 1423), composition surchargée et grouillante (pl. XIII). Mais les costumes orientaux révèlent la sensualité du peintre qui a vu la cité pittoresque, débarcadère du Levant, Venise. Costumes et animaux sont « rendus » déjà avec un réalisme presque flamand par une *tempera* qui a la profondeur et le moelleux du velours. Rogier van der Weyden, qui vint en Italie en 1450, admira ce peintre un peu puéril, pour qui le monde extérieur existe et qui lui rappelait l'art de son pays.

Il eût été plus satisfait encore d'Antonio (ou Vittore) Pisano, dit Pisanello, Véronais (1397-1455). Vérone, posée au pied des Alpes, recueille en effet au sortir des fraîches vallées les influences de nos miniaturistes français et des tableaux de Cologne. Les *Madones au berceau de roses* y fleurissent. Son vieux peintre, Stefano da Zevio, dont Pisanello se souviendra, est allé au Tyrol et y a pris le goût de ces pergolas dans les jardins clos. On respire dans cette cité presque alpine un parfum végétal. Aussi Pisanello peint-il des portraits, tels que le *Lionel d'Este* de l'Académie Carrara à Bergame, où se révèle, malgré la sécheresse coupante des profils, le modeleur puissant qui créa la médaille en y fixant des figures de caractérisme âpre à la Donatello ; mais ils sont modelés dans la lumière, sur un fond de fleurettes et de bestioles saisies sur le vif avec le scrupule des enlumineurs dans les bordures de manuscrits. Même quand il conte, vers 1446, dans les fresques de Sainte-Anastasie à Vérone, la *Légende du chevalier saint Georges* (pl. XIV) , bel éphèbe aux yeux rêveurs comme un personnage de Burne-Jones ou de Gustave Moreau, c'est en insinuant au cœur du songe le levain de la réalité prochaine, celle des costumes de cour, dont le rythme fait penser aux miniatures des *Très riches Heures* du duc de Berry, celle des beaux chevaux en raccourci et des fins campaniles. Surtout les dessins prodigieux du « Recueil Vallardi », qui furent attribués à Dürer, captent un monde d'animaux, poil et plume, par un « réalisme » à la fois minutieux et large, à la japonaise. Mais ce n'est pas le Japon qui est à l'origine de cet art : c'est la tradition de la miniature lombarde telle qu'elle fleurit aux livres d'Heures enluminés par les Grassi, et par delà, la nôtre. Telle des miniatures des *Heures* du duc de Berry, antérieures à 1416, paraît bien avoir influencé sa vision. Bel artiste que celui qui évoque malgré nous les chefs-d'œuvre des frères de Limbourg, du Japon et des Préraphaélites anglais !

Or ces deux peintres du Nord sont passés par la Toscane, où ils ont laissé leur exemple. Ils nous y ramènent. Pas à Sienne pourtant. Sienne, au xve siècle, reste en dehors de l'immense mouvement où le pays est entraîné. Ce n'est pas l'effet de l'état social et politique, puisque la cité prospère est toujours la rivale de Florence, ni l'affaissement du sentiment religieux, puisque l'ascète aux lèvres minces, saint Bernardin, a succédé à sainte Catherine, la mystique inspirée, et lui laisse un magnifique modèle de dessin retractile et de tons gris bure. Mais elle reste sous l'emprise de son double passé. D'une part, le pathétique du drame religieux de Simone 'di |Martino s'exaspère en frénésie grimaçante chez Matteo di Giovanni (1435-1495). Est-ce l'obsession des anciens thèmes orientaux ? retour du sombre génie étrusque ? ou plutôt influence des gravures allemandes ? Le *Massacre des Innocents* est un tumulte que le geste d'Hérode déchaîne sans l'ordonner. D'autre part, la tendresse qui baignait l'œuvre de Simone s'épanche plus que jamais en suaves *Madones* sur fond d'or, de langueur penchée, aux lignes un peu coulantes, au coloris pâle. La morbidesse du maître reste saine dans les frais panneaux de Stefano di Giovanni, dit Sassetta (1392-1450), tout parfumés des *Fioretti*, par exemple le *Mariage mystique de saint François* au Musée Condé à Chantilly (pl. XII). Mais elle devient mièvrerie chez Sano di Pietro (1406-1481). École exquise dans sa fidélité gothique à l'archaïsme. Mais comment n'y pas diagnostiquer la consomption d'un art très vieux, et qui était né de la vieillesse de plusieurs mondes : l'art byzantin ? Douce fièvre, qui est elle-même une seconde jeunesse.

Sienne, à vrai dire, a manqué de cet esprit de recherche qui toujours travaille

Florence. Ici il remue même l'artiste qui semble le plus retardataire par tradition et par tempérament, Fra Giovanni de Fiesole (1387-1455). Certes la piété ingénue de ce dominicain, qui est désormais pour le monde l'Angelico, a presque toujours l'attitude paisible de la contemplation. Dans ses *Annonciations* surtout, aux Offices, au Prado, les petites figures blondes aux yeux bridés, au teint verdâtre animé d'un peu de rose, sans ressort musculaire, sans plénitude charnelle, interprètent en grâce spirituelle, avec la plus fine distinction du dessin, un goût déjà ancien : il est le dernier des giottesques. Au bas des panneaux il se complaît au menu commentaire des prédelles, qui vont disparaître comme un archaïsme pour laisser l'œuvre se concentrer. Dans la partie inférieure de son *Jugement dernier* traînent encore des souvenirs d'Orcagna et du Campo Santo de Pise. Le *Couronnement de la Vierge*, au Louvre (pl. XV), est typique : à la grande clarté des tons, chantants dans la douceur des bleus, des roses, des verts et des mauves tendres, ou précieux par l'éclat qu'y allume une ardeur vermillonne, on voit bien qu'il est l'élève des miniaturistes, formé dans un monastère à l'école de don Lorenzo Monaco. Tout en restant très spontané, comme jailli du cœur, son art vient, pour le style, du fond du Moyen Age et, pour la technique, des miniaturistes d'Ombrie. Mais ce mystique est un artiste, et cet artiste un infatigable chercheur, et très souple. La force est entrée dans ses peintures murales. Au couvent de Saint-Marc, où il a peint dans chaque cellule un fragment de paroi, des notes bien diverses se font entendre : si l'*Annonciation* du palier (pl. XVI) est peinte en douces valeurs spirituelles, la *Crucifixion* du Chapitre est un cri poignant répercuté dans la résonance des grands vides. Cet ingénu n'ignore plus la puissance expressive des espaces où palpite le sentiment ; pas plus qu'il n'ignore le « réalisme » serré, par exemple pour le saint François rongé de fièvre mystique au pied de la croix dans la même *Crucifixion*. C'est que l'esprit d'autorité de la fresque est entré en lui, avec la leçon de Masaccio. Et quand il va à Rome en 1445, la majesté de la Ville Éternelle l'envoûte. Dans la chapelle de Nicolas V au Vatican (vers 1450-1455) son dessin se virilise, ses formes prennent l'ampleur romaine, l'action se dramatise. Devenu archéologue sur le sol antique, il dresse même autour de son Dieu les formes monumentales qui plurent à Jupiter. Le doux moine, désormais « naturaliste », va jusqu'à commettre avec allégresse le péché de science : perspective, anatomie et raccourci.

C'est qu'en lui agit sourdement le génie florentin. Jamais, en effet, dans l'histoire ne furent aussi intimement associées qu'à Florence l'observation immédiate et l'intelligence qui réfléchit. Le Florentin du Quattrocento est à la fois naturaliste vigoureux et spéculatif inquiet. Mais des deux qualités la seconde est la plus nouvelle et passe alors pour la plus haute. S'il a l'esprit de recherche, c'est qu'il sait que le monde est organisé, et que découvrir ses lois pour le refaire en images est l'objet même du peintre. Toujours un peu platonicien, il croit que l'art est une création qui domine les choses, un enchaî-nement de problèmes qu'il faut résoudre. A ses yeux, il consiste moins dans la qualité de la sensibilité personnelle que dans les solutions techniques qui nous rendent maîtres des apparences ; il est donc susceptible d'un progrès indéfini.

L'art de ces platoniciens réfléchis, qui réagissent toujours devant les réalités prochaines, ne sera donc pas une sensualité profonde, mais la raison en acte. Certes ils sont coloristes à leur façon, ils ont leur couleur, celle qui leur est nécessaire et inéluctable. Déplorable est la distinction sans nuances établie depuis Vasari entre le don florentin du dessin et la vocation coloriste de Venise. De Fra Angelico, qui transpose sur ses panneaux les tons éclatants de la minia-ture, à Botticelli, qui unifie sous une sorte de voile nuptial les tons des fresques de la villa Lemmi, sans compter les recherches de Fra Bartolommeo et d'Andrea del Sarto qui ouvrent décidément l'ère de la volupté, ils cultivent en peintres la délectation spéciale de leur art. Mais jamais leur coloris n'étouffe de résonances la mélodie de la ligne, jamais il n'obnubile de son éclat l'autorité de la forme. C'est la couleur de leur dessin, rien de plus. Paolo Uccello aime les tons verdâtres, Andrea del Castagno reste toujours un peu gris, et les Pol-laiuoli assez ternes. On dirait que, pour ces maîtres de la forme, la couleur va d'elle-même aux tons du bronze. Jamais ils ne cherchent le « rendu » des Fla-mands, ni leur belle matière, ni l'émail éclatant qui semble la recouvrir. En revanche, ces peintres discrets sont d'étonnants dessinateurs. Les feuillets innombrables où ils ont semé au vent leurs « pensées » peuplent nos musées. Dessin de précision aiguë, merveilleux instrument d'analyse pour qui a le désir maladif de comprendre. Jamais, quand ils peignent, la touche ne l'écrase. Toujours un peu sec, il reste souple, extrêmement sensible. Il suit nerveuse-ment les méandres de la silhouette et, tout en serrant la forme d'une emprise linéaire, lui laisse l'élasticité et le jeu.

De ce merveilleux instrument ils se servent pour leur passion : la perspective linéaire. Florence est son pays d'élection. La première, elle s'avise de la vraisemblance des auréoles en les posant horizontalement sur la tête des personnages sacrés, et non derrière en disque vertical. On ne verra donc plus l'embarras ingénu de Fra Angelico lorsqu'il lui fallait montrer de dos un bienheureux dans la ronde du *Paradis* (Musée des Offices). A ces esprits scientifiques elle assure la conquête de l'espace, la maîtrise du monde ou se meuvent les hommes. Elle ouvre la scène, qui chez Giotto restait fermée. Avançant à pas prudents avec Fra Angelico et Benozzo Gozzoli, elle creuse délibérément la toile avec Domenico Ghirlandajo. L'architecte Brunellesco, maître des nombres, applique devant eux les principes de la géométrie vraiment spatiale, celle qui capte l'étendue réelle. Eux, ils font presque mieux puisque, n'ayant à leur disposition que la surface d'un panneau ou d'un mur, ils savent créer l'illusion de lointains presque indéfinis. C'est donc fini de la perspective montante. Tous seront peintres géomètres, sachant les lois de la diminution des volumes selon l'éloignement des plans, tous plus ou moins architectes ou constructeurs. La perspective à Florence, chez Paolo Uccello par exemple, n'est pas une science spéciale, mais la forme même de la pensée quand elle s'applique aux apparences. Lorsqu'on entre dans la Chapelle Sixtine (décorée à partir de 1480) on est frappé des paysages lointains que creuse le pinceau de Cosimo Rosselli, de Ghirlandajo et de Botticelli : les parois cèdent sous la poussée de leur étendue. C'est d'autant plus frappant qu'au fond le *Jugement dernier* de Michel-Ange tombe en cataracte de Titans le long d'un mur qui reste plan, dans un espace sans profondeur.

S'emparer de l'espace en le jalonnant de portiques qui fuient vers l'horizon, en l'occupant de choses ou d'êtres qui rendent sensibles la distance d'un paysage, masser un groupe en profondeur, leur devient donc un jeu. Mais la troisième dimension, il la leur fallait encore pour douer de substance le corps humain lui-même. Il n'y a pas de vie sans épaisseur. Et, ici, c'est l'exemple des sculpteurs qui agit. La peinture florentine est fille de la sculpture. Elle n'a presque rien produit encore depuis les giottesques lorsqu'en 1403 a lieu le concours qui met aux prises pour la porte Nord du Baptistère Brunellesco et Ghiberti. L'obsession de Donatello est sur eux. Le beau *Saint Georges* d'Or san Michele, campé si fièrement, reparaît en statue colorée chez Andrea del Castagno et chez Botticelli. A l'art concret entre tous ils prennent le contour net, le modelé serré et ferme, la plénitude substantielle qui tourne dans l'espace. L'esprit de Giotto continue, stimulé de près par l'art confraternel du marbre et du bronze qui se déploie partout dans la cité. Toujours les peintres florentins verront les figures dans leur plastique plutôt que dans leur ambiance. Et déjà sous la contingence des oripeaux ils cherchent le nu. A Florence, plus qu'ailleurs, il y aura des peintres-sculpteurs. De Giotto à Masaccio, à Ghirlandajo, à Fra Bartolommeo, d'instinct ils font la densité et soupèsent le volume.

Il va sans dire, après cela, qu'ils composent magistralement, même quand le tableau est surchargé, à la flamande, comme l'*Adoration des bergers* de Ghirlandajo. Toujours il s'équilibre, parfois même en symétrie un peu géométrique comme dans l'*Adoration des Mages* de Botticelli ou dans les fresques de Ghirlandajo à Santa Maria Novella. Ils empruntent aux bas-reliefs circulaires des marbriers le tableau rond, le « tondo », qui permet de pencher en cercles concentriques les personnages sacrés sur la Madone et celle-ci sur l'Enfant, centre mystique de cette convergence des lignes, des formes, des expressions. De ce schéma géométrique Filippo Lippi et Botticelli (*Vierge du Magnificat*) ont obtenu une intensité inédite de tendresse.

Alors se développe avec une logique inéluctable la série des progrès techniques. Perspective linéaire et raccourci ? C'est la monomanie du puissant Paolo Uccello (1397-1475). Son *Déluge* du cloître de Santa Maria Novella est bien délavé par les siècles, mais même dans sa fraîcheur première ni humidité du ciel, ni intumescence des flots n'y ont noyé les choses. Déluge de géomètre, avant tout. Sur les flots, des noyés qui sont de purs raccourcis, et une arche de Noé qui est une étude de cube. C'est un maniaque du volume. Il déchaîne des *Batailles*, comme celle de San Romano au Louvre ou celles des Offices et de la National Gallery de Londres (pl. XVII), de frénésie vigoureuse, mais gauche, où il met beaucoup de choses pour avoir la gloire de leur imposer la cohésion. Chaque combattant y est une nouvelle prise de possession de l'espace. Pour mieux maîtriser ses problèmes, cette peinture abstraite se contente souvent de la *terra verde*.

Paolo Uccello est presque exclusivement un technicien. Masolino da Panicale (1383-1447) et Tommaso Guidi, dit Masaccio (1402-1429), c'est la technique au service du robuste naturalisme. Par eux le Quattrocento découvre le nu, que les giottesques évitaient. La plastique, du bel *Isaac* de Ghiberti (1403) au *David* de Donatello, leur apprend la beauté du corps sain et jeune, modelé en sa structure essentielle, dans les rapports justes de ses plans où les creux font de l'ombre et les saillies de la lumière. Un peu archaïque encore chez l'*Adam et Ève* (1422) de Masolino dans la fresque du Carmine (pl. XVIII), le voici robuste et ferme dans le couple chassé du Paradis terrestre, peint en face par son élève Masaccio (pl. XVIII). Ici la différence des nus, musclé chez l'homme, caressé chez la femme, est perçue par un observateur lucide, mais qui reste italien par la cambrure. Tandis que les Flamands, comme Van Eyck, le voient encore avec des yeux gothiques, le voici, incorrect sans doute, pataud même sur ses pieds de plantigrade, mais poussé par le rythme de la marche et silhouetté par le geste de la désolation. Michel-Ange s'en souviendra à la voûte de la Sixtine. Ce beau pétrisseur de la forme la peint en sculpteur, d'après nature, avec un relief puissant, mais en la généralisant dans le sens du caractère. A-t-il été à Rome ? C'est probable : il y a dans son ampleur classique et la largeur de ses draperies quelque chose d'héroïque, la vraie romanité, déjà si fortement sentie par Pietro Cavallini. Et c'est toujours pour la camper dans d'admirables compositions de l'espace, où les personnages créent les plans en les occupant. Au lieu de les superposer en perspective montante, les voici groupés en profondeur. Le *Paiement du tribut*, au Carmine (pl. XIX), est le premier chef-d'œuvre de cet art difficile, que Gozzoli ignorera encore et auquel les Flamands seront toujours maladroits. Il va devenir en Italie un art national. Pour Masaccio il est le puissant élément de cohésion de l'œuvre peinte. En définitive, art concentré, qui suggère plus encore qu'il ne définit. C'est la marque du génie. A voir saint Pierre projetant sur les malades son ombre de sénateur, on comprend qu'il les guérisse : c'est l'ombre elle-même qui a autorité. Dans cette chapelle du Carmine tout le XVe siècle va venir dessiner. Masaccio, héritier de Giotto bien que dégagé de la tradition giottesque, est le « fourrier » de Raphaël.

Il est naturel qu'avec un tel précepteur la peinture florentine se soit trouvée mieux armée pour l'observation. Alors elle s'en donne à cœur joie. Vouloir et savoir regarder est le mot d'ordre dans la ville la plus ardente à la vie qui

soit sous l'heureux principat de Cosme, puis de Laurent de Médicis (1448-1492).
Son activité allègre et pittoresque est au peintre un enchantement quotidien.
La foule, entrée dans la peinture avec Giotto, y est restée, ou du moins revenue.
Ce n'est pas seulement une vérité de plus, puisqu'il n'y a rien de plus peuplé
que la rue de Florence; c'est aussi que, pour ces artistes, manier la foule c'est
varier et multiplier l'expression, c'est — rarement — orchestrer la couleur, c'est
surtout étudier des groupements dans l'espace. On peut même constater que,
sauf les *Annonciations*, ils ignorent la vertu expressive des grands silences dont
savent jouer le Pérugin ou Piero della Francesca. Ils meublent donc volontiers
la composition avec le spectacle contemporain, *popolani* et bourgeois, patriciennes au buste droit, humanistes au clair regard de la cour de Laurent, phi-
losophes barbus venus de Constantinople, parfois Orientaux enturbannés. Le
goût frais de la vie en fleur les sauve du pédantisme théorique qui veut recréer
les choses par règles et par principes. Il va sans dire que l'anachronisme, qui
indignera Savonarole, transpose dans la Florence du temps le monde lointain
de la Bible et de l'Évangile, soit que cet art sincère ne se puisse arracher aux
griffes du réel, soit qu'il n'y ait pour lui de beauté que dans la vie vivante,
soit que la vertu de l'Évangile leur paraisse éternelle, donc présente.

Tel est précisément le naturalisme d'un moine qui séduisit une nonne et
garde au bout du pinceau son ardeur à vivre : Filippo Lippi (1406-1469).
Spontanément, il humanise les types religieux. Robuste élève de Masaccio, il
enlaidit sans y penser ses personnages à tête carrée, à nez bref, à large bouche,
mais en leur communiquant son goût de la vie et du mouvement, et sa passion
des fleurs. Typiques sont à cet égard la *Madone adorant l'Enfant* des Offices
(pl. XX), celle du Louvre, de 1438, et le *Couronnement de la Vierge* aux Offices.
Tout l'agrément du « pittoresque » est dans l'*Apparition de la Vierge à saint
Bernard* (église de la Badia, à Florence). Toute la joie de la Florence quattrocentesque est entrée vers 1455 dans l'histoire de *Saint Jean-Baptiste* et de
Saint Étienne, aux fresques du Dôme de Prato (pl. XXI), avec un éclat et une
chaleur de coloris qui sont à eux seuls une fête. C'est lui qui répand dans la
peinture florentine la forme séduisante du *tondo*. Venue de la médaille et du
bas-relief circulaire, aimé des marbriers, elle concentre l'intérêt sur la Madone
et l'Enfant.

Filippo Lippi meurt en 1469. Or, à ce moment se produit une rencontre unique du naturalisme et de l'intelligence réfléchie. La soumission au réel est encouragée par un exemple et une technique. L'exemple, c'est celui des tableaux flamands importés de Gand et de Bruges, ceux de Van Eyck, de Rogier van der Weyden, de Justus de Gand, de Van der Goes. Cette sincérité parfois gauche, cette miraculeuse exactitude de l'œil, qui capte les choses sans les barbouiller de spéculation, sans les dépouiller de leurs détails menus, mais au contraire en les respectant pieusement dans leur dessin gothique et leur éclat émaillé, cette myopie, qui n'est pas du tout une maladie mais une patience de dévot, les affole. Attrait du contraire sur le contraire. Les tableaux brugeois abondent dans les collections patriciennes comme les estampes allemandes dans les ateliers. Le véridique et velouté triptyque de Van der Goes (1470) peint pour Tommaso Portinari s'impose à Ghirlandajo quand il peint l'*Adoration des bergers* des Offices (1485). Cette soumission à la pluralité des choses le poursuit jusque dans la fresque lorsqu'il peint, en 1480, à Ognissanti *Saint Jérôme* dans son studio, qui est un vrai capharnaüm. Même les plus spéculatifs d'entre eux, Léonard avant d'entrer dans l'atelier de Verrocchio, Michel-Ange dans l'atelier de Ghirlandajo précisément, se sont laissé prendre, en leur jeunesse, à cette objectivité. Mais tranquillisons-nous : ce contact de la vérité crue ne sera jamais pour le génie florentin qu'un tonique momentané. Jamais il ne confond l'Art et la Nature : c'est même sa conviction superbe, que l'Art a autorité sur elle par la grâce de l'intelligence.

Alors, c'est l'avènement d'un curieux « caractérisme », qui, même dans l'outrance, parvient au style. Le portrait, qui n'était jusqu'ici qu'un détail pieux dans une composition religieuse, par exemple un donateur, commence par y devenir un attrait profane, comme la foule florentine dans le *Cortège des Rois Mages* de Benozzo Gozzoli au palais Riccardi. Des fresques entières, telles les *Vies de la Vierge et de saint Jean-Baptiste* de Ghirlandajo à Santa Maria Novella, sont des assemblées de citoyens authentiques que tout le monde reconnaît et dénomme. Sous le prétexte de la scène sacrée le Florentin est bien là pour lui-même. Enfin, le portrait s'en détache et court seul sa destinée. D'heureuses influences l'encouragent : la médaille, qui suscite en peinture de nombreux profils ; le portrait néerlandais, qui les séduit tous, comme il a séduit Antonello de Messine, par sa probité, que sert merveilleusement la technique nouvelle ; surtout les bustes agressifs de Donatello, qui les ont secoués. Il semble que le portraitiste, quand il pose avec le pinceau l'accent vigoureux d'une physionomie, soit sous l'obsession de figures taillées à l'emporte-pièce dans le marbre comme le *Niccolo Uzzano*, tendu vers le prochain comme vers une proie. Alors se déchaîne la passion du portrait, franc, serré, laid à souhait souvent, car sa laideur même est la mesure de sa sincérité. Mais la laideur florentine est d'une autre essence que la flamande. Le portrait de *Francesco Sassetti* de Ghirlandajo, au Louvre, est une étude de figure bourgeonnante, énorme prolifération de verrues. Devant cette vieillesse de « caractère » on sent bien que le peintre se pourlèche comme devant une pièce rare de collection. Mais nous sommes en Italie, et à Florence ; deux rayons éclairent cette laideur : intelligence qui pétille et bonhomie souriante.

Il est bien évident, du reste, que l'artiste voit le modèle en peintre, y cherchant l'occasion de bien besogner de son métier. Profil, trois quarts, ou face, c'est chaque fois pour lui, Florentin, une interprétation nouvelle de l'espace, d'autant plus délicate qu'il s'agit de plans où chaque remuement de lumière crée une nuance de spiritualité. Encore un peu sec chez l'*Homme à la médaille* des Offices, qui est peut-être de Botticelli, il va subir avec Léonard la plus radicale révolution qui ait transformé un genre.

Maître du visage, le naturalisme s'attaque à toute la personne humaine. Sous l'obsession des colosses de Donatello au Campanile, il enfante les types sauvages d'Andrea del Castagno au couvent de Sainte-Apollonie (pl. XXI), si brutalement modelés à coup de poing sous leur ton de cuivre verdi, qu'on prendrait ces « hommes illustres » pour des assassins, surtout le *Pippo Spano*. L'art florentin démontre cette vérité, que le naturalisme, à force de chercher l'accent dans les creux et les saillies, maigrit, durcit le modèle. Ce fils de paysan, d'ailleurs encouragé par le vernis à l'huile, altère le vrai à force de « vérisme ».

Alors enfin naît le paysage toscan, toujours posé en décor derrière la scène humaine sans faire corps avec elle. Coins de Florence dominés par les campaniles blancs, rives de l'Arno enjambées de petits ponts, collines de San Miniato et de Fiesole, parfois piquées de cyprès, rochers concassés ou bétournés, ce sont fonds arrangés, un peu grêles dans le semis du détail, un peu trop écrits par le scrupule du peintre aidé de l'exemple des Flamands, dont il n'a pas l'atmosphère enveloppante. Alessio Baldovinetti, l'auteur de l'exquise *Madone* du Louvre (pl. XXII), les deux Pollaiuoli, excellent à ce charme dispersé, en attendant Léonard.

Cette passion du vrai va avoir à son service une technique nouvelle. Certes la technique traditionnelle et héroïque, la fresque, demeure. Elle se déploie même plus abondamment que jamais dans cette République qui est essentiellement une « Commune ». La vie y est collective, dans l'église, dans la rue, dans le Palazzo même, où la Seigneurie autour du gonfalonier et la clientèle autour du patricien sont des microcosmes de la cité. Or, la fresque est un discours public. Jusque sur le mur extérieur du Bargello elle expose à l'indignation du peuple les effigies des criminels pendus. Botticelli fut chargé en 1478, après la conjuration des Pazzi, de ces représentations justicières et macabres. Et puis elle flatte chez les peintres un tempérament de chroniqueur qui aime conter vivement et clairement, à grands traits caractéristiques. Florence continue donc de se couvrir d'amples récits à *buon fresco*, et elle exporte à Rome, à la Sixtine, en 1482, ce langage des grandes idées.

Malgré tout, l'âge d'or de la fresque, qui fut le XIVe siècle, est passé. Dans la deuxième moitié du Quattrocento il lui faut compter avec le tableau, qui fait fortune sur l'autel et dans la maison. En son format restreint, qui se prête à la facture minutieuse, Verrocchio, Antonio Pollaiuolo, Botticelli, saisissent l'occasion de peindre plus « nature ». Le panneau est le support prédestiné du naturalisme. Tandis que la fresque, venue de l'art gréco-oriental, de la mosaïque, est italienne, il vient de la miniature, qui est du Nord. Or c'est ici qu'intervient la technique que les Flamands venaient de perfectionner : la liaison des couleurs par l'huile de lin, grasse et brillante, qui fera paraître terne la vieille *tempera* claire et de ton mat. Elle va modifier l'esprit même de la peinture en Europe, c'est-à-dire la représentation picturale du monde, et, par retour, la vision même qu'on s'en fait. Ce que les Florentins savourent sur les tableaux importés de Bruges, c'est moins le rendu que la transparence Ravis, ils vont découvrir la vertu d'analyse de l'huile, sa ductilité moelleuse, et qu'elle approfondit l'espace, fait résonner les tons, compose même autour des objets cette chose subtile : l'atmosphère. A la vérité, ils y viennent tard et lentement. Apportée du Nord, on ne sait quand, — par Domenico Veneziano vers 1440, selon Vasari, — elle reste longtemps un dilettantisme. Que l'initiative appartienne à Antonio Pollaiuolo dans son *Saint Sébastien* ou à Verrocchio lorsque, dans son *Baptême du Christ*, il pose sur un fond de détrempe de légères traînées transparentes, inaugurant ainsi le glacis séduisant, Florence est trop attachée à la graphie de la pensée, au dessin, pour s'abandonner à cette sensualité chargée de matière, qui trouble les fibres les plus secrètes. Rares sont les peintres, comme Baldovinetti, qui baignent de ses effets aériens les lointains d'un paysage. De l'huile, jamais Florence ne cherchera à tirer le même parti que les Flamands veloutés ou émaillés : tout au plus s'autorise-t-elle de leur exemple pour donner plus d'éclat à l'honnête détrempe elle-même. Ghirlandajo a beau être obsédé dans son *Adoration des bergers* du moelleux triptyque de Van der Goes : il reste fidèle à la *tempera*, quitte à lui demander les effets du vernis.

La peinture florentine risquait donc de se perdre dans la pluralité des choses et les agréments faciles de l'imitation. Or, l'asservissement au réel est mortel à l'art comme à toute activité. Mais elle se sauve par son intelligence, toujours prompte à spéculer sur les données de la nature. Paysage, corps humain, portrait, est pour elle une passionnante étude de profondeur et une recherche du mouvement, même de l'instant aigu. « Il engendre la forme pendant que la forme engendre l'instant. » Son dessin délié est celui d'une race active qui sait tout le prix de la pose et du geste à leur moment saillant. Il conquiert enfin ce à quoi Giotto aspirait : le « dynamisme ». Et même, courant après le devenir, il choisit les attitudes les plus instables, jusqu'à nous donner du malaise. Le collecteur d'impôts, dans le *Paiement du tribut* de Masaccio, est arrêté, mais toute son immobilité est animée. Le Florentin, né actif et dramaturge, a le don de l'imminence. A plus forte raison pour la marche : il faut voir comme la porteuse de fruits, dans la *Naissance de saint Jean-Baptiste* de Domenico Ghirlandajo, à Santa Maria Novella (pl. XXIII), enjambe l'espace : ses genoux fléchissent comme un ressort forcé. Quand on se pique de résoudre des problèmes techniques, on insiste, en effet, sur la solution. Il va sans dire que la danse les attire : l'histoire de Salomé est avant tout pour eux, artistes, le plus beau et le plus difficile des motifs, la saltation. Il n'y a ici, pour mesurer le progrès, qu'à comparer la Salomé de Giotto à Santa Croce à celle de Filippo Lippi à Prato (pl. XXI) : la dionysie scellée au sol a fini par s'enlever. Ils poursuivent l'instantané de la forme humaine jusque dans celui des choses, de l'air, de l'eau. Leurs *Annonciations* sont des études d'oiseau qui se pose, et leurs *Nativités*, de Botticelli à Léonard, des vols d'anges suspendus. Prodigieuse est l'audace de Botticelli lorsqu'il balance au gré du flot, *mobilis in mobile*, la

Naissance de Vénus : saisir le « *fieri* » sans l'arrêter, à la seconde même où il devient, c'est le plus beau miracle que puisse faire le génie du dessin.

Alors, fresques pariétales ou tableaux de chevalet, s'éploie dans la seconde moitié du siècle une force saine et magnifique. La primauté est aux narrateurs. Benozzo Gozzoli (1420-1497), il est vrai, reste un peu en arrière. La vraie science qui les affole ne hante guère sa cervelle, non plus que la haute spiritualité de son maître Fra Angelico. Il est le chroniqueur superficiel et charmant des cavalcades médicéennes et des chasses dans le rocheux paysage toscan, que scandent les cyprès. Ces fuseaux noirs qui pointent, ces guépards, ces faucons sur le poing, cet exotisme oriental des costumes, le goût des jardins frais piqués de fleurettes, surtout ces couleurs chantantes et cette perspective, si montante qu'elle ne laisse qu'une étroite bande de ciel, pourraient faire croire à l'influence de miniatures persanes. Nous savons, par les inventaires, qu'il y en avait dans les collections des Médicis. Mais peut-être suffit-il, pour les expliquer, des jolis contes de Noël de Gentile da Fabriano. Rois Mages pour Rois Mages, le *Cortège* en fresque du palais Riccardi (1459) (pl. XXIV) continue, avec plus de vérité, celui de Gentile qui chatoie sur le panneau des Offices. Bible anecdotique du Campo Santo de Pise (1468), où l'*Ivresse de Noé* n'est qu'une vendange de Chianti, *Histoire de saint Augustin* à San Gimignano, sont aussi courtes de vue, mais aussi charmantes. Tel maître, tel élève : Cosimo Rosselli (1438-1507), plus facile encore et plus banal, prodigue à la Sixtine la vivacité des couleurs, et surtout des plus chères, l'or et l'azur. Luxe bien archaïque en 1482 : il amusait ses confrères, mais enchantait Sixte IV.

Plus puissant est Domenico Ghirlandajo (1449-1494). Magnifique fresquiste, couvreur d'espaces à la chapelle Sixtine en 1481, à Santa Trinità en 1485, à Santa Maria Novella de 1485 à 1490, il y prolonge les aspects de sa ville aimée, même ses intérieurs domestiques, où il déploie la société florentine de son temps, les Médicis, les Sassetti, les Tornabuoni, peints au naturel avec une franchise inexorable. Le vieux *Francesco Sassetti*, du Louvre, portraituré dans sa laideur où l'intelligence pétille, avec des tons vifs, est la suprême audace. L'exemple des Flamands, Van der Goes, Rogier van der Weyden, lui a appris la vertu éminente de la vie prise aux sources. Mais par la vertu de son large dessin il lui communique la gravité et l'ampleur des formes. La fermeté de ces figures se ressent des bustes sculptés par les beaux marbriers. Ce modelé puissant donne à des tableaux d'autel comme la *Visitation* du Louvre (1491) une grandeur monumentale. De lui-même le tableau tend à la large fresque, mais avec une vigueur de relief que celle-ci ne comporte pas. Avec pareil modelé nous sommes sortis décidément de la peinture linéaire. Partis de Giotto, nous allons tout droit vers Fra Bartolommeo, sans compter que la composition est toujours d'un équilibre inconnu jusqu'ici.

Mais quand le naturalisme poursuit la saillie, c'est le groupe des peintres sculpteurs surtout qui lui donne satisfaction. Verrocchio et les deux Pollaiuoli, attachés à la nature jusqu'à la mouler pour la copier à l'aise, anatomistes peut-être jusqu'à la dissection, étreignent la forme jusqu'au nu et serrent le nu jusqu'à l'écorché. Ni Masolino, ni Masaccio ne s'étaient avisés de ces audaces. Les petits *Travaux d'Hercule* d'Antonio Pollaiuolo (pl. XXII) et le sec *Baptême du Christ* de Verrocchio (vers 1470) (pl. XXV) sont typiques. A dur dessin, couleur d'airain. Comment songer au ton, qui empiéterait sur l'autorité de la forme ? Mais puissante est cette sécheresse. Cette peinture de bronze met en relief la plasticité. D'ailleurs l'ascète qui baptise Jésus est un Hercule, et le désert qu'arrose le Jourdain s'enfonce en paysage profond dans l'atmosphère aérienne que donne un des premiers essais de la peinture à l'huile. Rien d'étonnant, en définitive, que Verrocchio ait formé un Léonard de Vinci.

On a dit, sans preuves, que, côte à côte avec Léonard dans l'atelier de Verrocchio, travaillait un apprenti qui, lui aussi, voit déjà plus loin que le Maître : Sandro di Mariano Filipepi, dit Botticelli (1444-1510). Il est certain, du moins, qu'il reçoit sa forte influence. Il est par ailleurs l'élève de Filippo Lippi, puis d'Antonio Pollaiuolo. Dans cette âpre atmosphère il respire à pleins poumons le naturalisme, qui chez lui se dépense surtout en portraits (*L'Adoration des Mages* du Musée des Offices, vers 1475; pl. XXVI). Mais le sien est pensif et inquiet. Certes il garde l'empreinte des maîtres plus ou moins orfèvres et sculpteurs. D'abord orfèvre lui-même, son dessin suraigu enlace de précision les *Trois Grâces* qui dansent (pl. XXVII), durcit l'ovale de la figure, assèche les mains. Les cheveux en fil d'archal se juxtaposent pour faire masse, et la mer qui, aux Offices, berce la *Naissance de Vénus* (vers 1484-1485) a pour vagues des accents circonflexes, Mais ce linéarisme est si sensible, si expressif, qu'il dépasse sa propre limite. Rien qu'en courbant autour du Bambino les silhouettes concentriques de la Madone et des anges, Botticelli atteint dans la *Vierge du Magnificat* (Offices, vers 1481) (pl. XXVIII) la plus haute spiritualité. C'est une combinaison de lignes qui fait l'intensité du sentiment. D'autre part, il n'est pas douteux que le contact des sculpteurs lui donne la fermeté plastique : elle fait saillir le menton carré, ciselle les doigts jusqu'à la nodosité, et serre le modelé du *Saint Sébastien* de Berlin jusqu'à la dureté du bronze. Malgré tout, l'art précis de ce Florentin garde toujours un secret, donc de l'au-delà. Chez cet inquiet, tour à tour mystique et païen, humaniste en mal d'hellénisme dès qu'il entre chez les Médicis en 1474, et hagiographe prompt à l'extase, *Madones* ou *Vénus* (pl. XXVIII), *Judith* ou *Primavera* (pl. XXVII), ouvrent sur l'infini de leur cœur de grands yeux mélancoliques que nous cherchons à sonder. Or cela, depuis Sienne, est absolument nouveau, surtout dans cette Florence qui amène tout à l'intelligence, même les profondeurs du sentiment. On ne peut concevoir de figure plus en allée dans son défini que la *Madone à la grenade* (vers 1488). Le dessin florentin ici traque le mystère, non pour le chasser, mais pour le posséder. Du reste, vol d'anges, flots de la mer, Vénus balancée sur la conque, c'est toujours la recherche du mouvement jusqu'à l'instantané, et de l'instantané à son point aigu. Nous voici loin, avec pareille nervosité, de la pondération de Ghirlandajo. Avec cela, cet inquiet sait des harmonies où se reposer. Presque seul à Florence à ce moment il cherche la douceur du clair-obscur aux ombres transparentes (*Vierge du Magnificat*) et les accords délicats dans l'unité de couleur et de lumière comme aux fresques de la villa Lemmi en 1486, que conserve le Louvre. Vers la fin, quand la prédication et la mort de Savonarole, en 1498, ont secoué son âme fragile, sa couleur s'enfonce dans les tons verdâtres et son dessin se brise en saccades. La *Nativité* de la National Gallery (vers 1500) est son adieu au bonheur, bientôt à la vie.

A tenir compte des mouvements du goût plus que des individus, il ne reste plus, pour clore ce mouvant Quattrocento florentin, qu'un confrère, un camarade, et un élève de Botticelli. Le confrère est un type étrange d'originalité dans l'éclectisme : Piero di Cosimo (1462-1521 ?). Il imite les plus notoires de ses contemporains, et c'est un voluptueux coloriste, mais pour envelopper une mythologie romanesque ou même romantique qui fait penser à Gustave Moreau. La *Mort de Procris* à la National Gallery de Londres (pl. XXIX), chasseresse étendue, dans une mollesse abandonnée, au bord de la mer, est un chef-d'œuvre de solitude vaste sous le clair matin. Ce Florentin a la nostalgie de la mer, qui est pour lui air, lumière, tranquillité étale.

Le camarade d'atelier est le peintre sans tempérament des Madones tendres jusqu'à la fadeur, dans une jolie tonalité blonde, presque pâle : Lorenzo di Credi (1459-1537). Mais déjà un peu du moelleux de Léonard, son autre camarade, veloute son œuvre.

Quant à l'élève, c'est le dramaturge qui, dans sa fresque des *Miracles de saint Philippe de Néri* à Santa Maria Novella (1502) (pl. XXX), bouscule jusqu'au baroque, qu'il annonce, les formes monumentales de l'antiquité et, à une voûte, livre au vent d'orage des Prophètes échevelés : Filippino Lippi (1459-1504). Avec lui l'agitation prophétique entre dans l'art florentin, avant les tempêtes de la Sixtine.

Ainsi se développe avec une logique impressionnante l'art de la Cité unique, qui est à la fois positive et subtile, qui savoure les réalités de la vie tout en vouant un culte à Platon avec Marsile Ficin pour grand-prêtre, et cherche toujours sous les apparences la loi et le nombre.

CHAPITRE III

LE QUATTROCENTO HORS DE FLORENCE

L'esprit de Florence rayonne sur le centre et le nord de la péninsule, mais sans étouffer le génie local, que préservent la vie municipale et la vie de cour. Heureusement : car celui-ci est peut-être plus poète, plus près du mystère de l'âme et des choses. Ils composent ensemble une originalité qui très souvent dépasse le naturalisme immédiat, la définition précise, les solutions purement techniques. Nous sommes d'ailleurs à une époque de sensibilité artistique ouverte à tous les souffles. De Padoue ou de Venise à Bologne, à Rome, les peintres voyagent, s'offrent aux patrons généreux, mais aussi à l'emprise des maîtres rencontrés. Nietzsche et Burckhardt s'enchantaient avec raison de cette Italie une et multiple où ces cités rivales, tout en collaborant à un esprit général qui fait reconnaître du premier coup une œuvre italienne du Quattrocento, ont chacune son école, née du pays et qui en garde l'accent. Dans cette foule de talents, où l'on entend presque toujours la sourdine de Florence, deux géants font dominer leur note : Piero dei Franceschi et Mantegna.

L'originalité de Piero dei Franceschi ou della Francesca (vers 1406-1492), né à Borgo San Sepolcro entre la Marche, la Toscane et l'Ombrie, c'est d'unir les contraires dans une harmonie supérieure. Voici, avec Masaccio et Mantegna, le constructeur le plus puissant du Quattrocento. C'est peut-être parce que, séjournant à Florence entre 1430 et 1440, il s'informe des acquisitions savantes, qu'il s'adonne, lui aussi, à l'ivresse spéculative des mathématiques et résout à son tour en beauté tous les problèmes de géométrie dans l'espace et d'anatomie. Sa maîtrise de l'espace éclate dans certaine fresque de Rimini : *Malatesta agenouillé devant saint Sigismond* (pl. XXXI). Il n'est que de regarder dans la *Résurrection* de Borgo San Sepolcro les gardiens du tombeau renversés selon les lois du raccourci, et, dans la *Légende de la Sainte Croix* à San Francesco d'Arezzo (pl. XXXI), surtout autour de la *Mort d'Adam*, les nus héroïques, modelés avec une science impeccable. Son dessin a la largeur de celui de Masaccio, qu'il a étudié ; sa forme la plénitude, une sorte de gravité structurale. Mais l'esprit de la Flandre arrive jusqu'à lui : esprit de probité, de patience dans la facture, mais aussi de clarté et de fraîcheur dans le coloris. A ce contact Piero dei Franceschi détend sa géométrie, qui risquait de dessécher le monde. C'est un beau luministe : le premier en Italie, il voit l'univers sous l'aspect poétique du clair-obscur. Il découvre les valeurs. Sa *Défaite de Chosroès* n'a rien d'une bataille : c'est une composition d'éléments plastiques, mais en même temps un système réfléchi d'ombres et de lumières. La *Résurrection* est une évasion nocturne, la *Vision de Constantin* un éclair dans la nuit. Son coloris moelleux, assoupli par la nouvelle technique qu'il a apprise chez Domenico Veneziano, enveloppe la construction de la forme, que Florence maintenait dans une rigueur plus sèche. N'exagérons rien : ses portraits du duc et de la duchesse d'Urbin aux Offices (pl. XXXII) ne sont encore que profils, c'est-à-dire qu'ils ne font pas le tour de la figure humaine, et ils sont ciselés dans l'aigu; mais, outre que ce sont des profils auliques selon la tradition numismatique des princes, ils sont modelés dans la pure lumière, sur un fond de paysage vaste et menu, à la flamande. Ce maître puissant, s'il doit beaucoup à Florence, lui imposera à son tour sa maîtrise. Toute l'Italie d'ailleurs, de Mantegna à Raphaël (qui est d'Urbin), va la subir. La *Délivrance de saint Pierre*, peinte par Raphaël dans la Chambre d'*Héliodore* au Vatican, viendra après la *Vision de Constantin* d'Arezzo comme un éclair succède à l'autre dans un nocturne dramatique.

Il fallait bien que ses deux disciples, disciples aussi de Florence comme lui, fussent d'énergiques constructeurs du corps humain. Melozzo da Forli (1438-1494) s'est d'ailleurs, comme lui, enrichi des influences flamandes. Il est en contact, à la cour d'Urbin, avec Justus de Gand, qui apporte vers 1474 dans la Marche et l'Ombrie, comme Van der Goes en Toscane, les nouveautés du Nord. Son originalité, c'est la densité, et une robuste ampleur qui donne un aspect héroïque à la simple *Entrevue de Sixte IV et de Platina* (Pinacothèque Vaticane ; pl. XXXIII). Elle virilise même les anges. Très savant, il ne se contente pas de les ployer en raccourcis superbes : il les fait plafonner curieusement, sans qu'ils perdent en ces tours de force l'harmonie des formes éphébiques et la beauté du visage qu'encadrent d'épaisses chevelures blondes (pl. XXXII). Jusque dans la dionysie du mouvement, dont il tourne et retourne les problèmes, Melozzo reste un apollinien. Nouvelle raison pour que sa couleur soit claire et blonde.

Quant à l'autre élève, Luca Signorelli (1441-1523), aussi pèlerin de Florence, est-ce au vieux génie démoniaque de sa patrie, l'étrusque Cortone, qu'il doit la sombre dramaturgie de ses fresques au Dôme d'Orvieto vers 1500 ? Le peintre de l'*Antechrist*, de la *Résurrection de la chair* et du *Jugement dernier* est un tempérament sauvage, encore électrisé par la lecture de Dante. Mais c'est avant tout un peintre, qui a travaillé à Arezzo près de Piero della Francesca et à Florence près de Verrocchio. Des recherches artistiques le mènent : violence des attitudes, anatomie surtout, qu'il crispe jusqu'à la grimace sur le visage et jusqu'à la convulsion sur le corps. C'est la première fois que pour un artiste italien tout, même l'*Enfer* (pl. XXXIV), se réduit au corps humain, très dense, et le corps humain à des modalités de nu. Pour la première fois les anges même sont nus. Dans cette *Chute de l'Antechrist*, qui est une cataracte d'athlètes, le dessin s'exalte jusqu'à l'abstrait. Quant aux damnés, c'est pis encore : tous plus ou moins sont des écorchés. Agressive est sur eux la saillie des os et du muscle. Leur terreur même, avant de ravager leur âme, est un mouvement inédit des plans sur leur figure : c'est une terreur technique. Peu de couleur ; rien que de la plastique. Quand il peint en 1512 son étrange *Cène* de la cathédrale de Cortone, ce n'est pas seulement pour imiter un modèle de Justus de Gand, mais pour composer une pyramide de beaux corps drapés, qu'il dresse debout, le Christ lui-même leur donnant, debout, la communion. Dans cette grandeur des conceptions, servie par l'âpre fierté du dessin, et qui s'achève en épouvante, il y a quelque chose d'épique. Michel-Ange, avec une autre *terribilità*, se souviendra du *Jugement dernier* d'Orvieto.

Bien que voisine, l'Ombrie apporte des nouveautés moins sauvages. Au xiiie siècle elle avait donné au monde saint François d'Assise, et par lui, par sa double basilique où des maîtres romains, siennois, florentins, étaient venus peindre sa Légende dorée, elle avait été un des berceaux du « Rinascimento ». Depuis elle sommeillait dans ses montagnes. Mais un jour arrive où la grande vallée qui s'ouvre de Pérouse à Spolète accueille les influences nouvelles venues du Nord et surtout du Midi. Du dehors aussi lui viennent les superbes *condottiere* et un ascète semeur de miracles : saint Bernardin, qui semble réincarner saint François. Alors la Belle au bois dormant se réveille et compose entre ces nouveautés et son génie héréditaire un art unique.

Longtemps elle garde dans son *soave austero* la piété contemplative du Moyen Age. Presque pas de peinture profane chez elle, peu de mythologie, d'histoire, de spectacles contemporains, sauf les miracles de l'Ascète en pleine rue. Longtemps aussi elle garde dans sa technique la tradition de la miniature, fleur des cloîtres. Longtemps fleurit la peinture populaire des gonfalons, où l'immense *Vierge de Miséricorde* abrite sous son manteau, contre la Faucheuse macabre qui rôde, un peuple de Pérousins agenouillés dans une boîte à joujoux qui est la Cité. Aux jours tragiques de guerre ou d'épidémie, on porte en procession ces cris de pitié, peinturlurés par les meilleurs artistes de la cité d'après le schéma conçu jadis par un moine cistercien selon la vision que rapporte Césaire.

Nous voilà, semble-t-il, bien loin de Florence. Caporali et Boccati sont encore, en effet, de pieux archaïques sur qui les souffles florentins passent sans les remuer très profondément. Bonfigli, qui a vu pourtant Piero della Francesca, peuple les églises de jolis anges à chapeaux de roses, un peu monotones en leur

maniérisme. L'Ombrie se florentinise déjà davantage avec Fiorenzo di Lorenzo.
Cela n'empêche pas son plus direct élève, Bernardino Betti, dit Il Pinturicchio
(1454-1513), d'être un pur conteur qui s'en tient au vieux langage, fresque et
tempera. Dans les fresques des appartements Borgia, au Vatican, pour le pape
Alexandre VI en 1494 (pl. XXXV et XXXVI), à la Libreria de Sienne pour
le cardinal Piccolomini en 1503, toujours pour des patrons fastueux, il prodigue le luxe d'un orientalisme pittoresque dont un autre Ombrien, Gentile da
Fabriano, avait, au début du siècle, donné l'exemple, mais que nous ne retrou-
verons plus à ce degré qu'à Venise. Pour les nimbes, couronnes, broderies, la
préciosité de l'or se relève en relief de stuc : luxuriance matérielle, archaïque
et facile, qui n'a rien à voir avec le véritable art de peindre. Il aime l'échantillonnage éclatant des couleurs, où le pur outremer éblouit comme un vitrail.
Chose curieuse : cet Ombrien a beau voyager, de Pérouse à Rome, où il cou-
doie, en 1481, dans la chapelle Sixtine l'élite des peintres du Quattrocento,
à Orvieto (1492), à Sienne, à Florence sans doute, il reste insouciant des
derniers progrès techniques, même des possibilités indéfinies de la couleur
puisque l'huile lui reste étrangère. C'est un très beau portraitiste, comme en
témoignent son propre portrait à Santa Maria de Spello et celui du pape
Alexandre VI Borgia dans les appartements du Vatican (pl. XXXVI). Mais
c'est précisément que le portrait est encore une des réalités immédiates. Pour
le reste il lui suffit de narrer avec éclat, en piquant au bon endroit deux notes
personnelles qui sont comme sa signature : un cyprès fuselé dans le paysage
et, dans le ciel, un faucon qui lie l'oie sauvage.

Mais le plus bel exemple de ce que peut le génie régional fécondé par Florence est un Ombrien de Città della Pieve, élève de Fiorenzo à Pérouse, de
Piero dei Franceschi à Arezzo, mais qui a été aussi à Florence entendre la
leçon de Verrocchio en même temps que Botticelli et Léonard de Vinci :
Pietro Vannucci il Perugino (1446-1524). Même rentré dans sa chère
Pérouse, il n'a jamais cessé, d'après Vasari, de se tenir en contact avec la
grande officine de la science, Florence. Voici donc un maître de la forme, mais
cette fois de la forme pleine, épanouie, modelée moelleusement par un gour-
met technicien de l'huile, dans la lumière ambrée et chaude. Et cela n'est pas
florentin. Le Pérugin fait de la peinture blonde, blonde comme le miel. Nul
dans le Quattrocento n'a mieux senti les ressources de la belle technique venue

du Nord : il se délecte des demi-teintes et des glacis. Il va d'ailleurs à Venise en 1496. D'abord réaliste vigoureux en des portraits qui enveloppent tendrement la construction, humaniste baroque mais enivré de lumière dorée dans les fresques du Cambio, *Héros, Prophètes* et *Sibylles* (1500), il se donne ensuite à l'imagerie dévote et prodigue les figures penchées en méditation, relevées en extase, où s'arrondissent une toute petite bouche et de tout petits yeux, mais toujours pleines et nourries en leur mysticité. Ce contemporain de saint Bernardin ignore l'ascétisme, même la souffrance. Il n'est que de comparer son *Saint Sébastien* du Louvre (pl. XXXVII), bel éphèbe aux formes presque rondes, à celui de Botticelli, serré comme un bronze, et à celui de Mantegna, grinçant et crispé (pl. XXXVII). Et ces formes, il les remue peu, ce qui n'est pas florentin. Et, ce qui l'est moins encore, il isole chacun en sa méditation. Contrairement au dramatisme florentin, il exalte dans la peinture ombrienne le sentiment de la solitude. Lui et ses élèves sont des mystiques du silence. Si la scène est nombreuse, comme dans la fresque de la Sixtine, *Remise des clefs à saint Pierre* (1481) (pl. XXXVIII), il les groupe trois par trois en répétant ce groupement trinaire avec simplicité. Et tous se posent sur une hanche comme des hérons sur une patte, au milieu de paysages bleutés, profonds et légers, baignés d'air, où l'on retrouve ce sens de l'espace que la vallée d'Ombrie communique à qui la voit tous les jours du haut des remparts de Pérouse. Ce n'est plus la géométrie spatiale des Florentins, cela. L'ambiance, l'atmosphère, la forme dans la blondeur lumineuse, voilà son apport. Il est aux origines du paysage moderne.

Malheureusement sa piété onctueuse devient douceâtre chez ses innombrables disciples ombriens : le Spagna, Tiberio d'Assise, l'Ingegno. Jusqu'à Bologne elle rayonne. Mais ici elle éveille un délicieux talent : Francesco Raibolini, dit Francia (1450-1517). C'est un pur primitif, dont la retenue immobilise les *Madones* dans le silence plein d'âme où son dessin d'orfèvre les a découpées. Un sentiment très tendre anime leur pur ovale, peint dans une blondeur éclatante et transparente. L'École bolonaise est née, sous les doux auspices de l'Ombrie.

Mais il y a dans la Haute Italie des milieux plus actifs que l'Ombrie, des personnalités plus puissantes que le Pérugin. Padoue est une ville universitaire. Les Universités ouvrent des mondes à l'imagination des artistes. Non sans danger du reste, car voici, à Padoue même, des peintres-professeurs comme Squarcione (1394-1474), qui réunissent des collections d'antiquités romaines comme documents scolaires. Ils en fixent dans leur peinture dure les formes les plus sèches, par exemple les cheveux en anneaux de bronze, poncif que Mantegna et Bellini nous rendront si savoureux. Par bonheur, à côté de cette pédagogie, Donatello apporte, entre 1444 et 1453, l'exemple de la plastique vivante. Florence encore s'est donc penchée ici, sur le berceau de l'École padouane, et pour l'éveiller elle lui offre son âpre sculpture de bronze. Voilà qui explique (sauf le génie) l'œuvre de Mantegna (1431-1506).

Voici le plus formidable poète du Quattrocento. Archéologue sans doute, lui aussi, et dès le début avec l'*Histoire de saint Jacques* aux Eremitani de Padoue (pl. XXXIX). Mais son antiquité n'est pas apprise : elle est sentie. De son contact avec elle, surtout à Rome, où il va vers 1489, se lève une vision héroïque superbe. Toute la majesté de l'Empire a passé dans le prestigieux *Triomphe de Jules César*, bas-relief peint, qui marche au rythme des tibicens et au pas des éléphants. De l'antique il tient la cambrure fière de ses personnages et le sens plastique, qui chez lui, par exemple dans le *Saint Sébastien* du Louvre (pl. XXXVII), étreint la forme jusqu'à la constriction. A force de serrer, son dessin grince. Jamais, même dans la *Bataille d'Anghiari* de Léonard, même dans les têtes de Gorgone, l'art florentin n'avait analysé aussi âprement l'instantané du cri. Effroyable, ciselé par un linéarisme sans pitié, il écartèle la bouche de saint Jean dans le *Christ entre les deux larrons* du Louvre, comme celles des *Dieux de la mer* déchaînés dans la gravure célèbre. Du reste ce poète est géomètre. Touché par Piero della Francesca et par les Florentins, tous les problèmes de la perspective et du raccourci le tentent. L'effrayant *Christ mort* du Musée Brera, à Milan, devance la *Leçon d'anatomie* de Rembrandt ; il l'a même suscitée. Le premier avec Melozzo da Forli, avant le Corrège, il pratique à la salle dei Sposi du château de Mantoue la peinture de voûtes avec cet illusionnisme très spécial des figures plafonnantes, qui se résout en technicité spatiale et va faire fortune dans cette Italie enragée de science. Et pour laisser à la forme sa prééminence il n'a jamais voulu que la détrempe, encore assourdie parfois jusqu'à la grisaille. Cependant pareil artiste ne se confine pas dans la spatialité. Dans certains tableaux, comme la *Madone de la Victoire* au Louvre (1495) (pl. XL), le coloris joue en fanfare, où le rouge vermillon donne la note. Vers la fin, les effluves de Venise, où il a des parents (les Bellini), et la grâce d'Isabelle d'Este viennent l'effleurer. Il reçoit de là-bas un nouveau vernis, à la sandaraque. Alors, dans le *Parnasse* du Louvre (1497), une douceur dorée baigne les formes, les ombres même se colorent de la couleur du pré sous le pied des Muses, et la vieille détrempe elle-même se pare d'opulence. La Femme a eu raison du Héros.

Sa mâle influence (et celle de Squarcione) devait s'imposer autour de Padoue et jusqu'à Venise. Elle a suscité, non toute l'École de Ferrare, mais le plus caractérisé de ses artistes, Cosimo Tura (vers 1420-1495). Curieux exemple d'emprise. Voici des saints ligneux, noueux, qui paraissent souffrir et crier, simplement parce que la crispation mantegnesque force leur mimique. C'est pénible à force de brutalité. Et pour laisser à la construction sa dureté le coloris reste terne. Cela est beau tout de même, précisément à cause de cette passion de construire, qui ramasse la forme en nodosités, comme d'autres plus tard la cristalliseront en cubes. Ce caractérisme grimaçant se détend au contact de la vie de cour lorsque Tura lui-même, Lorenzo Costa et Francesco Cossa content dans les fresques de Schifanoia les divertissements de Borso d'Este. Alors un charme pittoresque enveloppe la précision d'orfèvres.

Mantegna avait fini par céder au charme de Venise ; et il était allié à des peintres vénitiens. Nous voici donc conduits par l'âpre École de Padoue elle-même vers la cité réceptive ouverte à tous les souffles de la terre et de la mer. Mais quand la virilité mantegnesque vient la tonifier, il y a quelque temps déjà que la peinture vénitienne existe. Les somptueuses mosaïques byzantines des XIIe et XIIIe siècles, les icônes apportées de Constantinople, avaient été ses premières initiatrices : elle en gardera toujours le goût de la splendeur. Pour l'affranchir de la raideur grecque l'art florentin des giottesques, qui pénètre à Venise avec Guariento, lui est de quelque secours. Quoi qu'on ait dit, en effet, avec le « Maître de Pirano » à la fin du XIIIe siècle et Lorenzo Veneziano il y a un Trecento à Venise. Malgré tout, elle reste très byzantine jusqu'à ce que Gentile da Fabriano et Pisanello viennent, vers 1420, lui offrir, dans la salle du Grand Conseil, le goût de la vie en fête dans des narrations vives et colorées. Deux violentes secousses achèvent de la dégeler. Des Florentins puissants, Donatello, qui vient à Padoue en 1444, et Andrea del Castagno, mettent sous ses yeux l'âpre souci de la forme, qui est le génie essentiel de leur cité. Et surtout voici que le continent proche entre dans la ville lagunaire, qui vient d'annexer en 1405 Padoue et Vérone. Le splendide isolement est fini. Alors la crispation de Squarcione et de Mantegna commence à la tourmenter. Enfin, par les cols des Alpes qui ferment l'horizon conquis, descendent en masse les tableaux flamands et ceux de Cologne, les artistes allemands, les âpres gravures allemandes, dont l'emprise sur l'imagination des peintres est puissante. Par là passe Jean d'Allemagne, qui est en relations avec Stephan Lochner, puis Albert Dürer lui-même (1506), avide de soleil et de latinité. Par là va et vient un Vénitien qui vit la Flandre, fut l'ami de Dürer, et composa son art de ces trois saveurs : Jacopo de' Barbari (entre 1450 et 1516).

La petite île des mosaïstes et des verriers, Murano, devait être naturellement le berceau de la première école. Malgré les souffles frais qu'y envoie l'art de Pisanello, l'atmosphère y est un peu étouffée. L'influence colonaise y pénétrant vers 1445, byzantinisme et gothicisme s'associent pour composer des magnificences rigides. Le premier des Vivarini, Antonio (dates incertaines) y dirige avec le Rhénan Jean d'Allemagne une officine de polyptyques d'un brillant métallique, orfévrés, aurifiés, où les formes gothiques se découpent à l'emporte-pièce (pl. XLI). A Venise, c'est la vision sèche de Squarcione qui domine. Carlo Crivelli, en effet (1457-1493), installe sur des trônes de marbre précieux des Madones d'aigreur padouane entre des guirlandes de fruits qui paraissent gravées dans un émail étincelant et dur. Dans ses *Pietà*, comme celle de la Pinacothèque Vaticane (pl. XLII), l'implacable rigueur squarcionesque fige dans une grimace le sanglot de Marie, le cri de saint Jean, mais tous les tons des verreries anciennes de Murano dorment dans la splendeur. Peu d'air, peu de relief dans cette joaillerie encore un peu byzantine.

Mais voici que vers 1473 Antonello de Messine, venant de Naples, apporte dans cette ciselure la technique onctueuse, transparente, où excellaient les Flamands : le vernis à l'huile. Ses portraits, tel le *Condottiere* du Louvre (1475) (pl. XLIV), puissants sans brutalité, sont une révélation. On va pouvoir construire ou caresser, en modelé, les plans d'un visage, les formes charnelles d'un beau corps. Voici que la précise vision italienne est assouplie par les ressources indéfinies de Gand et de Bruges. Si les Florentins n'y sont venus que tard, Venise y vient spontanément, comme à son moyen naturel d'expression. Et la conséquence est immédiate : si Florence reste immuablement fidèle à la fresque, Venise, tout aussi éprise de peinture murale, a et gardera, même sur le mur, la vocation du tableau. Et sur le tableau même elle renonce, sauf pour les dessous, à la claire et mate *tempera* pour la couleur aux résonances profondes. Ainsi, par le seul choix du dialecte technique, chacune se révèle. Grâce à l'huile Venise va s'évader de la sèche tradition muranienne, écouter le *genius loci*, qui enseigne à noyer le linéarisme dans l'ambiance. Car voici qu'à ce langage sensuel s'offre maintenant le plus riche répertoire de sensations, le spectacle de la ville elle-même, qui est unique : Venise anadyomène, posée entre les mouvances colorées du ciel et de l'eau. Sans doute tout spectacle, même la triste banlieue d'une ville moderne, même le borinage wallon, recèle un infini de beauté sous la magie du soleil. Mais à qui a l'art de conter, le goût de la splendeur et la volupté coloriste, Venise quattrocentesque est une féerie inépuisable.

Dès le début, trois traits caractérisent la peinture vénitienne : le naturalisme, le sens décoratif, et le génie de la couleur. Le naturalisme, c'est l'observation des réalités immédiates, qui toutes ici sont belles et toutes se résument dans Venise. Trois peintres se complaisent à la refléter : Carpaccio et les deux premiers Bellini. Voici donc son portrait avec son port et ses canaux, sa Piazza dominée par les coupoles byzantines de Saint-Marc et ses palais dorés par la lumière. Portraits aussi, les patriciens en riches brocarts, toujours en foule pressée, mais toujours graves. La tranquillité de l'art vénitien au xve siècle est frappante en regard de l'inquiétude dramatique des Florentins. Il est curieux que le dessin de la cité qu'on dit toujours amusée immobilise même les gens du port, tandis que le dessin de Florence électrise même les Rois Mages. Jusque dans la multitude de la Piazza l'individu s'isole. Faut-il voir dans cet *a parte* une sorte de génie processionnel hérité des vieilles mosaïques ? La tenue de la cité patricienne ? ou le naturel quant-à-soi de la piété ? Toujours est-il que des grandes *Cérémonies* de Carpaccio ou de Gentile Bellini aux *Saintes Conversations* de Giovanni, règne ce qu'on pourrait appeler l'esthétique du Silence. Sauf quelques remous dans l'*Histoire de sainte Ursule* de Carpaccio, ces peintres de la cité populeuse organisent spontanément l'immobilité. Plus tard l'inquiétude secouera la peinture vénitienne, la hantise de Michel-Ange y déchaînera le mouvement. Mais même chez Giorgione, même chez Titien, fréquentent encore solitude et silence. Seulement ils se sont concentrés en profondeur.

Avec cela, ces chroniqueurs du xve siècle musent et s'amusent aux mille imprévus qui encombrent la nature et la vie. Ce sont des primitifs : ils s'enchantent de tout sur leur chemin et meublent le tableau, en insistant, un peu à la façon de ces Allemands qu'ils connaissent bien. Ville ou gens, beaucoup d'Orient s'y mêle : exotisme des types et des costumes, qui est vérité « historique » quand il s'agit de la Bible et de l'Évangile, et vérité actuelle puisque Venise elle-même est le débarcadère du Levant. Si Carpaccio ne connaît le monde lointain que par les gravures sur bois du Néerlandais Reuwich, Gentile Bellini, lui, est allé en 1480 à Constantinople faire le profil de *Mahomet II*. Et tout cela est d'importance, car c'est l'effet pittoresque qui envahit la peinture italienne, ce sont les reflets et la réfraction dans l'eau de 'la lagune, c'est un coloris délectable qui décèle en Venise la Bruges italienne ; c'est surtout la lumière, qui est là-bas, entre le ciel et la mer, le personnage universel. Ils la voient toujours dorée, sans la noirceur des ombres. L'École, déjà claire dans la pâte mince et sèche de Crivelli, va maintenant chercher la chaleur des tons harmonieusement fondus dans le mystère des glacis. Évidemment, ces peintres, qui à l'encontre des Florentins ne font que de la peinture, ne cherchent qu'elle dans le sujet ou plutôt n'imaginent le sujet qu'en fonction d'elle.

C'est le soleil, en définitive, que voudrait capter un disciple de Lorenzo Bastiani, le peintre des *Scuole* ou Confréries Vittore Carpaccio (vers 1450-vers 1522), quand il conte entre 1496 et 1502 la *Légende de sainte Ursule* (pl. XLIII) ou celle de *Saint Georges*. Architectures compliquées, paysages lagunaires ou terriens, toujours criblés de détails, Vénitiens en simarre ou Orientaux tout brochés, campés dans un Orient emprunté aux « bois » de Reuwich, ces tableaux grouillent comme des tableaux flamands ou allemands. C'est le triomphe du pittoresque. Son exécution facile, qui ignore le fini squarcionesque, excelle à la prolifération des foules. Mais ce monde divers ne lui est que prétexte ou occasion. C'est le soleil, l'ardeur solaire, qu'il cherche à condenser dans la richesse de sa matière, belle pâte éclatante et profonde, ambrée, presque rousse. C'est dire que le monde qu'il crée vit *sub Jove*. Cela ne l'empêche pas d'être quelquefois sensible aux douces intimités, tout comme un Flamand ou comme

Antonello de Messine. Une lumière tamisée fait délicieusement virginale la chambre où dort sainte Ursule, dans un rayon rose.

Mais avant lui c'est la famille des Bellini qui a porté dans ses bras la jeune peinture vénitienne. Le premier, Jacopo († 1470), est un puissant initiateur ; le dernier, Giovanni, ouvre par sa façon de voir et par sa technique la peinture du XVIe siècle. L'originalité de Jacopo, ce n'est pas son goût des antiques, qu'il doit à Squarcione et à Mantegna, ni sa science des perspectives architecturales, qu'il a prise sans doute à Florence entre 1420 et 1430. Ce ne sont pas non plus ses motifs, bien qu'il ait créé celui de la Madone en demi-figure devant un parapet, que ses deux fils reprendront toute leur vie pour une clientèle inlassable : cette poupée aux petits yeux qui porte auréole d'or gaufré nous ramène encore vers le passé. La libération, ce sont les deux *Livres d'esquisses* du British Museum et du Louvre (vers 1441). Là ils ont tous puisé à pleines mains, non seulement ses deux fils, mais son gendre Mantegna et Carpaccio. Là est l'origine de la peinture vénitienne, moins la matière et la technique il est vrai. Scènes légendaires particulièrement vénitiennes, comme le *Combat de saint Georges contre le dragon* (pl. XLVII), processions, pages et valets, animaux, rochers découpés à gradins où le lapin gambade, arbres morts où médite le hibou, recommencent le miracle de Pisanello, qui fut le maître de Jacopo, avec une invention plus fertile, un horizon plus étendu, et le don d'envelopper le détail d'impressionnantes solitudes.

L'aîné de ses fils, Gentile (vers 1429-1507), est, comme Carpaccio, un chroniqueur, pour qui *Miracle de la Sainte Croix* et *Procession des reliques* (pl. XLV) ne sont que prétextes à peindre une Venise pittoresque dans la vérité de son décor et de sa lumière, avec les tons roses ou jaunes de ses palais dans l'atmosphère, les reflets dans l'eau verte de ses canaux. Voici donc né le genre des vues de Venise, des *vedute*. Guardi et Canaletto le prodigueront au XVIIIe siècle avec des nuances nouvelles de lumière. C'est dire que Gentile est prédestiné au portrait : fidèles en procession, doges, patriarches, très caractéristiques dans leur ligne physionomique, sous l'épaisse chevelure rousse qui gonfle hors de la toque, très inspirés des médailles (car Gentile fut médailleur), par conséquent de trois quarts et surtout de profil. Le portrait, en effet, ne fait pas encore le tour de la personnalité humaine. Le profil pourtant peut avoir une vertu puissante de suggestion : tel celui que Gentile est allé tirer en 1480 à Constantinople d'après le sultan Mahomet II, profil tranchant de yatagan sous le turban énorme (pl. XLIV). Cet exotisme oriental est aussi velouté de couleur qu'aigu de dessin. Car Gentile, s'il peint parfois à la détrempe comme un primitif, cherche la profondeur flamande du coloris et se décide pour la toile, qui sera désormais le support vénitien.

Mais Venise n'a pas que des conteurs charmants. Ce préjugé a trop duré. A leur agrément Venise chrétienne oppose la gravité de sa pensée religieuse. Avec Giovanni Bellini (1430-1516), frère de Gentile, nous sortons, en effet, de la chronique légendaire du Quattrocento. L'*Allégorie chrétienne* des Offices illustre un poème français du Moyen Age, *Le Pèlerinage de l'âme,* et sa difficile complexité déconcerte l'exégèse. Rien d'étonnant qu'il renouvelle le type de la Madone au parapet, que son père avait créé, par la puissance de concentration des demi-figures, par la gravité des yeux baissés et la beauté du modèle à l'ovale plein, surtout par l'assistance des saints, deux ou trois au plus, toujours envoûtés de silence comme elle. Ce sont les *Saintes Conversations,* où personne ne parle que les âmes. Les plus simples sont à mi-corps, mise en page que Venise a toujours aimée. Quand les personnages sont en pied, symétriquement groupés autour de la Madone assise sous une niche byzantine aux mosaïques d'or, ce sont les grands retables de San Giobbe, de San Zaccaria, des Frari (pl. XLVI) à Venise, et de San Pietro Martire à Murano, très émouvants à force de gravité immobile et toujours silencieux. La musique des anges joueurs de viole ne fait que rythmer ce grand silence. Voilà donc un Vénitien chez qui la vie de l'âme tient plus de place que le kaléidoscope amusant de la Piazza. Sous des yeux baissés sa technique concentrée enferme du mystère. Mais ce mystique est un féminin, un portraitiste, qui cette fois aborde de face l'énigme du visage humain, un paysagiste qui sent la mélancolie de la nuit sur le *Mont des Oliviers* où Jésus attend le calice (Musée de Tours), enfin un très beau peintre. Sans doute il avait commencé par la vigueur sèche du modelé et des draperies, cristallisé les rocs en orgues basaltiques : c'était encore le donatellesque, le beau-frère de Mantegna, l'admirateur de Dürer. La *Pietà* du Musée Brera (pl. XLVII) était de la douleur crispée. Mais très vite on sent la révolution apportée par Antonello de Messine. Vers la fin même, de tièdes effluves lui viennent de Giorgione. Alors la forme, guérie de ses hachures, prend de la plénitude dans le moelleux et le fondu. Un velours roux enveloppe le modelé. La peinture, de linéaire, est devenue picturale. Ce Vénitien est à Crivelli ce qu'en Toscane Léonard fut à Verrocchio.

Il ne reste plus qu'à tirer parti de ces résonances pour établir entre la Nature et l'Homme les grands accords. Tandis que Marco Basaiti, Giovanni Mansueti, paraissent archaïques à côté de Giovanni Bellini et de Carpaccio, Cima da Conegliano (1456-1517), riche et chaud lui aussi, développe autour de la Madone, toujours assise sous un haut baldaquin broché, les montagnes bleues de son pays. Cette tenture, les grands naturalistes qui viennent vont la reléguer au magasin des vieux oripeaux, et libérer enfin l'opulence du paysage vénitien. Les temps sont révolus.

CHAPITRE IV

LE CULTE DE LA BEAUTÉ ET DE LA SCIENCE
LE CINQUECENTO

Préparé par les efforts du Quattrocento, encouragé par les grands pontificats de Jules II et de Léon X, qui assurent à Rome la suprématie artistique, par l'amour-propre de villes comme Venise, qui s'exaspère avec leur déclin politique, l'art du XVIe siècle est l'épanouissement magnifique des dons, de la science et de la technique. Sans doute de Florence à Venise bien diverse est sa vision du monde : elle obéit cependant à quelques tendances communes qui font la splendeur de l'art classique. Sous l'influence des idées platoniciennes, tous recherchent avidement la Beauté. Certes on se sert toujours de la Nature, même passionnément observée, mais pour l'émonder des particularités qui la caractérisent âprement. On croit opposés le caractère et le style. Généraliser pour avoir le style, sans perdre jamais le sain contact du vrai, voilà la loi nouvelle. Le nu règne, parce qu'il est la vérité essentielle : le nu, sensible jusque sous la draperie, animé par les oppositions du *contraposto*, ennobli par les sacro-saintes proportions, et doué de rythme. L'ampleur donne aux formes le style monumental. La composition se concentre, secoue les détails ; de grands vides y font entendre des silences expressifs. Cette Renaissance est savante.

Convaincue que c'est un mal de ne regarder que ce qui est, le réel à l'état pur, elle voit plus loin et plus haut que le XVe siècle, sans cesser pour cela d'être spontanée. La grande nouveauté technique, c'est que la sculpture perd son hégémonie, sauf à Florence, où va régner Michel-Ange. Dans cette Italie, qui a maintenant le sentiment de son unité, c'est la peinture qui va exprimer les grandes idées, et dans son dialecte propre, avec l'accent que lui font sa matière et ses ressources. Fresque ou tableau, la ligne de plus en plus laisse s'approfondir les résonances de la couleur, la forme laisse s'exercer sur sa densité le jeu de la lumière et de l'ombre. Plus habile encore aux sciences spéculatives aimées des Florentins, perspective, raccourci, proportions, anatomie, le peintre a tout de même de l'univers une vision plus picturale. La vraie sensualité entre enfin dans l'art troublant, qui ne doit atteindre la pensée que par la délectation visuelle.

Mais les tendances générales ne gênent pas l'incroyable puissance d'initiative des individus. Jamais ne s'est posée plus impérieusement à nous la question qui a tant préoccupé Taine, Burckhardt et Nietzsche, celle des rapports de l'évolution, qui a ses lois, et du génie personnel, qui les bouscule. Désormais l'histoire de l'art risque de n'être plus que celle des artistes.

De cette « seconde Renaissance » Florence encore est le berceau. La passion de tous les problèmes techniques s'incarne dans un pur Florentin : Léonard de Vinci (1452-1519). C'est un grand inquiet. A Florence, sorti de l'atelier de Verrocchio, il esquisse en grisaille, en 1481, le carton de l'*Adoration des Mages* (Offices). Il va à Milan, où il peint en 1483 la *Vierge aux rochers* du Louvre, en 1495-1498 la *Cène* du couvent de Sainte-Marie-des-Grâces et plusieurs portraits perdus. Il quitte Milan à l'arrivée des Français, après la fuite du duc, revient en 1500 à Florence, y peint la *Sainte Anne* du Louvre en 1501, le portrait de *Monna Lisa* vers 1505, le carton de la *Bataille d'Anghiari*, qui devait décorer une paroi de la salle du Conseil au Palais Vieux, et, après bien des vicissitudes qui le ballottent entre Milan, Florence et Rome, le grand vieillard reçoit enfin en France, en 1516, l'hospitalité de François Ier, y peint peut-être le *Saint Jean-Baptiste*, et y meurt en 1519. Sous la sérénité d'un olympien ce solitaire cache la fièvre moderne de la recherche. Elle se dépense en croquis innombrables, que conservent le Louvre, le British Museum, la Bibliothèque de Windsor, les musées Brera et des Offices, etc., en combinaisons alchimiques qui ont altéré sa couleur et détruit ses fresques, en notes jetées sur ses cahiers secrets dans le silence de la nuit : pensées d'homme, surtout de savant et d'artiste en vue d'un *Traité de la peinture* que son élève Fr. Melzi en a dégagé.

L'homme universel, philosophe, architecte, sculpteur, peintre et musicien, que Lomazzo appelle un Mage, unit les contraires, l'art et la science, dans une harmonie supérieure. Se plaçant au cœur des choses, il voit la même loi présider au remuement des plans sur un visage, à l'ondulation des cheveux, au mouvement des eaux et des nuages, au vol des oiseaux, à la marche des matières ignées qui ont fait les rochers. Le modelé pour le relief est sa recherche passionnée. Son dessin, conduit par une anatomie impeccable, construit la forme avec une précision toute florentine : bouche, oreilles, mains, sont ciselées avec la sûreté du savant, qui a à son service la minutie de l'orfèvre. Mais sur cette structure rigoureuse le *sfumato* jette son voile de poésie. Avant, tous les Primitifs modelaient surtout par les nuances du ton, dans la couleur et la lumière : tel Piero della Francesca dans les portraits du duc et de la duchesse d'Urbin aux Offices. Mais c'est par des différences de valeurs entre le clair et le sombre, lentement et subtilement dégradés, que Léonard fait tourner la forme. On peut le regretter. C'est poursuivre peut-être des effets qui ne sont pas dans la nature, et avec un art insistant qui épaissit jusqu'au charbonneux les opacités du noir : car il faut bien partir du noir renforcé pour avoir une riche gamme de demi-teintes. Mais aussi quelle nouveauté ! A l'aigre modelé linéaire se substitue la grâce du fondu, du velouté. Avec ces ressources on réussit merveilleusement la *leggiadria* et la *gratia*, on excelle aux figures de femmes et d'éphèbes androgynes, et on attend volontiers l'heure propice, le jour voilé ou le soir, qui pose sur les choses un léger crêpe, un crépuscule. Ces figures rentrent dans l'ambiance et en émergent comme des apparitions. Jamais l'unité d'atmosphère entre l'être et le milieu n'a été mieux sentie. Les quattrocentistes voyaient la forme plastiquement, Léonard la baigne avec les choses dans une brume où elles fraternisent.

Et de cette recherche d'un subtil mouvement de lumière naît, au coin de la bouche et des yeux, cette fleur d'humanité, le sourire, que Verrocchio n'obtenait qu'en pinçant la forme. *Vierge aux rochers, Sainte Anne avec la Vierge et l'Enfant Jésus* (pl. XLVIII), *Monna Lisa, Saint Jean-Baptiste*, il s'épanouit

maintenant en profondeur, jusqu'à nous donner le sentiment d'une vie inté-
rieure insondable. La technique s'achève donc en expression, et le clair-
obscur finit tout naturellement en mystère. Voilà une analyse qui, en fin de
compte, nous ouvre toutes grandes les portes de l'infini. L'inquiet chercheur
de problèmes, à la florentine, aboutit à des solutions qui d'elles-mêmes
dépassent la pure intellectualité.

Avec ces méthodes un tel artiste devait accomplir la révolution du portrait.
Il la fait vers 1505 dans celui de *Monna Lisa* (pl. XLIX). Cette suavité du
sfumato, ce sourire, le parti à mi-corps devant un appui de fenêtre en face
d'un paysage profond qui prolonge l'expression, la pose générale qui fait
tourner légèrement sur leur axe la tête et le torse, le croisement des belles
mains révélatrices, enfin la simplification de la coiffure et du costume, qui
concentre l'intérêt sur les traits où l'âme affleure, voilà des nouveautés
fécondes. Tout le XVIᵉ siècle, à commencer par Raphaël, sera hanté de la
Joconde. Dans ce portrait d'une femme, Léonard invente une vision générale de la femme. Mais son génie va plus loin encore. La *Cène* (1498)
(pl. L) inaugure l'art d'ordonner autour d'un centre physique et moral une
vaste composition sur un mot prononcé. Ainsi observation et science spéculative, goût immédiat de la vie et sens poétique de l'âme, construction
précise sous le moelleux de l'enveloppe, tel est l'initiateur de la peinture
moderne, qui peut-être même fut un coloriste amoureux du ton, puisque
Vasari nous assure que la *Joconde* était vive et fraîche. Mais même en
admettant que laques et garances sont parties, et avec elles les roses du
visage, il reste que c'est l'alchimie de ce docteur Faust qui a fini par altérer
ces figures, jusqu'à les abstraire de la vie pour les faire entrer dans le rêve.

Léonard a longtemps séjourné à Milan. Aussi son charme enveloppant a
transformé l'École lombarde, mais lentement. Fille des vallées alpines, elle garde
longtemps un parfum presque rustique. Les disciples de Léonard, meilleurs
techniciens que lui, cuisinent moins leurs œuvres. Boltraffio (1467-1516), grave
et encore un peu archaïque, découpe net sur le fond les volumes puissants de
la *Vierge de la famille Casio* (Louvre). Andrea Solario (1460 - vers 1520) doit à
Dürer et aux Vivarini la sécheresse de ses premières œuvres comme la *Crucifixion*
du Louvre, et prend ensuite aux Bellini un peu de leur profondeur de coloris ;
mais il ne sait pas encore voiler de *sfumato* le sourire de la *Vierge au coussin*

vert (Louvre; pl. LI). Gaudenzio Ferrari (1840-1546), dans ses fresques de Varallo et de Verceil, relève d'un accent presque germanique l'influence de Léonard, de Luini et du Corrège : il a plus de vigueur et de pathétique que de suavité. C'est Bernardino Luini (vers 1465-1533) qui a été le plus profondément touché. Non qu'il ne reste très personnel en sa douceur. C'est un primitif de charme ingénu. A côté du penseur florentin, du savant, du chimiste de laboratoire, il fait l'effet d'un simple qui n'écoute que son cœur, conservé pur comme les lacs de ses montagnes. Il est aussi, dans ses vastes et graves compositions de Saronno en 1525, de l'église Saint-Maurice à Milan, de Lugano en 1528, plus fresquiste que Léonard. Mais on sait bien d'où viennent ces oppositions très nuancées dont il caresse le sourire un peu monotone des visages au long ovale : la *Salomé* du Louvre (pl. LI) nous l'apprend. Après lui, avec Cesare da Sesto, Marco d'Oggione, etc., *sfumato* et sourire ne sont plus que formule technique, sans âme. Épuisée par le maniérisme léonardesque, l'École s'assoupit jusqu'à ce que la secousse brutale du Caravage la vienne réveiller.

C'est encore un Lombard que le Sodoma (1477-1549), mais qui vit à Sienne. Devant les fresques de l'*Histoire de saint Benoît* à Monte Oliveto Maggiore vers 1505, comme devant *Alexandre et Roxane* à la Farnésine en 1515 (pl. LII), la même question vient aux lèvres : est-ce à Léonard qu'il doit le doux modelé et la morbidesse des yeux noyés ? Dans tous les cas l'influence du grand séducteur n'aurait fait que l'incliner où il penchait. Mais cette langueur passionnée qui excelle à la femme jeune, Ève ou courtisane, et s'achève en *spasimo* chez *Sainte Catherine de Sienne* ou *Saint Sébastien* (pl. LIII), c'est bien plutôt un retour de l'ancienne morbidesse siennoise. Seulement la minceur d'autrefois s'épanouit maintenant en sensualité générale. Au clair-obscur de Léonard, à l'onduleuse mélodie linéaire de Raphaël, vient s'allier la plénitude des formes du Pérugin, que le Sodoma a certainement étudié. Car ces êtres exténués de volupté restent robustes, et grave leur expression. Le coloris même demeure sobre jusqu'à l'austérité. Et tout cela est très personnel.

Léonard, Florentin, a directement touché la peinture aigrelette de Florence. Mais, en même temps que sa douceur enveloppante, agit la puissance de Michel-Ange, discernable chez tous dans le soudain déploiement des formes. Autour du bûcher de Savonarole (1498) et à la voûte de la Sixtine, dévoilée en 1512, retentit la trompette des temps nouveaux. Entre Léonard et Michel-Ange, Florence, toujours inquiète, va chercher maintenant à concilier la force de la construction et la douceur de l'enveloppe.

Fra Bartolommeo della Porta (1475-1517) en est déjà la preuve. Il n'a jamais été qu'un peintre religieux, peintre moine, que la parole ardente du prophète Savonarole, jette au cloître après avoir failli l'arracher à l'art. Rien d'étonnant qu'il aille droit où l'entraîne son ardeur de néophyte : au pathétique sacré. La *Déposition de croix* du palais Pitti (pl. LIV) est un bel exemple de cette intensité expressive. Rien n'y vient disperser l'émotion. La force de concentration mesure le nombre des personnages et les groupe savamment en équilibre, comme ferait un sculpteur. Si intense qu'il soit, le sentiment ne nuit pas à l'harmonie des grandes masses, qui se meuvent dans des espaces tranquilles. La pyramide naît spontanément des sentiments accordés. Aussi ces tableaux ont-ils une superbe ampleur monumentale. De cette monumentalité la *Sainte Famille* du Louvre (1511) est un exemple saisissant. Large est le dessin, puissante la forme et très en relief. On sent que les athlètes de la Sixtine ne sont pas loin. Mais ce maître de la forme est aussi un admirable technicien de l'huile, qui a appris de Venise, où il est allé, le coloris harmonieux et chaud, et de Léonard la richesse du clair-obscur, cherché dans le noir de fumée. Déjà le génie florentin s'ouvre aux effluves.

Moins puissant est Andrea del Sarto (1486-1531), bien que lui aussi, au contact de Michel-Ange, cherche la forme (*Madone «aux harpies»* des Offices; pl. LV). C'est Léonard surtout qui l'a touché. C'est par sa grâce (plus que par celle de Raphaël) que les deux *Saintes Familles* et la *Charité* (1518) du Louvre sont des chefs-d'œuvre de clair-obscur. Mais l'ombre où il estompe surfaces et contours s'éclaire, s'approfondit en transparence. Alléger le modelé léonardesque, insinuer dans son opacité l'air et la lumière, voilà un de ses apports. Mais le meilleur est la couleur, cette fois très blonde. Il est le seul vrai coloriste de l'École, sachant envelopper le ton à l'endroit des reliefs pour les faire mieux saillir dans la lumière. Le regard noyé de *vaghezza* donne à ses Madones sans âme, sans pensée, qui ne sont que des jeunes femmes et particulièrement la sienne, la belle Lucrezia, un aspect un peu monotone de

*

volupté. Par la vertu de son contact avec la vie il a sauvé l'École déclinante.

A vrai dire, dans cette Florence de 1500 à 1550, Michel-Ange absorbe le meilleur de la puissance créatrice. Les artistes y sont des réceptifs, qui se composent, avec les souvenirs des maîtres les plus divers de chez elle ou d'ailleurs, même d'Allemagne, une originalité petite, mais réelle. C'est déjà l'éclectisme avant Bologne. Du Michel-Ange, mais amenuisé par l'élégance, souvent par la manière, dans un modelé où l'on retrouve la douceur léonardesque et des tons, même des reflets, empruntés à Venise, voilà le subtil Salviati (1510-1563). L'*Incrédulité de saint Thomas*, au Louvre, le révèle tout entier. Pontormo (1494-1557) vit à Rome dans l'ombre du géant : aussi pratique-t-il une forme puissante, mais tortillée et dansante, où s'énerve la vigueur du maître. Décidément, la véhémence de celui-ci est devenue de l'orchestique chez les disciples. L'athlétisme élégantisé, voilà où finit l'École dans la grande peinture.

Cependant un genre la sauve : le portrait. Franciabigio (1482-1525), auteur présumé du *Jeune homme inconnu* du Musée du Louvre (pl. LVI), Puligo, Pontormo et Salviati eux-mêmes, en font beaucoup, et de saisissants. Il jette une gloire sur ce déclin florentin. N'est-il pas depuis Giotto dans la tradition de Florence, et dans le sang de la race ? Ce n'est pas que l'esprit de Michel-Ange n'y pénètre pour donner à la forme une ampleur superbe (Pontormo) ou même pour doter de force héroïque le torse nu d'un *Amiral Doria* transposé en Neptune (Bronzino). On ne s'interdit pas non plus de baigner les traits de fluide à la façon de Léonard et d'Andrea del Sarto. Mais ces souvenirs sont mis au service du caractère individuel : ils aident la vertu du contact direct avec la vie. Alors, c'est une collection magnifique : jeunes gens aux yeux fiévreux, appuyés nonchalamment à un parapet, artistes tenant une statuette ou une médaille ou simplement leurs gants, musiciens amateurs caressant leur instrument. Le modèle est isolé, vu à mi-corps pour laisser parler le visage et les mains. Presque toujours un fond neutre, vert ou gris, un milieu sobre et dépouillé, un costume sombre. Car depuis Léonard le souci des valeurs morales l'emporte sur le soin du « tableau ». Un de ces portraitistes s'isole de lui-même : Angiolo Allori, dit le Bronzino (1502-1572), élève de Pontormo. Il est le peintre attitré d'une nouvelle famille d'Atrides, les Médicis, grands-ducs de Toscane, atroces virtuoses du poignard et du poison : figures impénétrables, dont l'impassibilité glaciale n'est que passion dissimulée. Posées de face, immobiles, elles fixent le spectateur en gardant leur secret. On a pu se demander si elles ne tiennent pas de Holbein un peu de cette tenue. Un dessin de précision incroyable les définit sans les livrer, et si le costume est magnifique (*Éléonore de Tolède*, aux Offices ; pl. LVI), il dissimule sous ses ornements le dépouillé d'un coloris sec qui laisse intact le fil tranchant de la ligne. Les noirs sont brusquement coupés de tons rouges sans chaleur, sans rayonnement, et sur fond neutre. La facture, très lisse, lèche ces modèles sans lyrisme. Ainsi, en dépit de Fra Bartolommeo et d'Andrea del Sarto coloristes, Florence finit par où elle avait triomphé : le naturalisme précis et l'art le plus déterminant qui soit.

Si les Florentins restent malgré tout de chez eux, un peintre vient se placer au point de convergence des Écoles : Raphaël (Raffaello Santi) (1483-1520). Il touche à toutes, et de tous ces contacts enrichit son originalité, à son tour si attractive qu'elle fait surgir une École. L'éclectisme florentin, quand il existait, s'adressait aux maîtres, mais le sien est lui-même une maîtrise. Sa grandeur dans l'histoire, c'est précisément de s'être souvenu avec tant de personnalité et d'accorder si harmonieusement des qualités si diverses, qu'il échappe à la définition dans la mesure même où il s'évade du parti pris. Il est, par grâce d'état, l'Assimilation créatrice.

Durant son séjour en Ombrie, de 1483 à 1504, le jeune élève du Pérugin a encore la vision de son maître : c'est elle qui organise en 1502 le *Couronnement de la Vierge* du Vatican et en 1504 le *Mariage de la Vierge*, ou *Sposalizio*, du Musée Brera (pl. LVII), si blond, balancé en symétries, plein de silence et d'espace. C'est la fraîcheur et l'éclat de la miniature ombrienne qui avivent les tableautins de *Saint Michel* et de *Saint Georges* au Louvre, peints sans doute pour le duc d'Urbin. Quand il passe à Florence de 1504 à 1508, il laisse s'insinuer dans la *Madone à la prairie* de Vienne, dans sa technique du modelé, la séduction de Léonard, et dans la *Mise au tombeau* (1507) un peu de la *terribilità* de Michel-Ange. Il se laisse entraîner par le naturalisme florentin au portrait (la *Doni* et la *Gravida* au palais Pitti), et enfin consacre à la patronne de Florence une série de *Madones* exquises de sentiment. Établi de 1508 à 1520 dans la Ville Éternelle, au service des papes Jules II et Léon X, la noblesse du style antique, la robustesse de Michel-Ange, les amples ordonnances de Fra Bartolommeo dont le prestige le suit, la spatialité de Bramante, maître de la profondeur, s'éploient dans les fresques des Chambres et des Loges au Vatican, de la Farnésine (1509-1514) et de 1515 à 1516 dans les superbes *arazzi* ou cartons de tapisserie (pl. LVIII). Il se laisse donc pénétrer par toutes les ambiances, mais spontanément, naturellement, et pour enrichir sa propre substance. Ainsi, non seulement il est universel, architecte, archéologue, peintre, comme Leo Battista Alberti, comme Léonard, comme Michel-Ange, comme tous les hommes supérieurs de la Renaissance, qui sont convaincus que spécialisation est médiocrité, ou du moins que le talent fait bien tout ce qu'il fait, mais encore il appelle tout l'art de son temps à collaborer à son développement personnel, et il meurt en pleine jeunesse, en 1520, de son ardeur à vivre.

Pour les Madones il trouve, comme dans la *Vierge du grand-duc* ou la *Vierge à la chaise* du palais Pitti, des mélodies expressives inédites. Ou bien, comme dans la *Vierge au chardonneret* des Offices en 1506 (p. LIX) ou la *Belle Jardinière* du Louvre en 1507, il concentre le groupe maternel en pyramide, dans un calme et clair paysage où le sentiment se prolonge. Ses tableaux d'autel rajeunissent les thèmes de l'Ex-voto (*Madone de saint Sixte* à Dresde ; pl. LX), de la Vision (*Madone de Foligno* et *Transfiguration* à la Pinacothèque Vaticane), et de l'Extase (*Sainte Cécile* de la Pinacothèque de Bologne, 1513-1516). Ses grandes fresques : *L'École d'Athènes* (pl. LXI), *Le Triomphe de la Foi*, sont des cycles de pensée humaine et théologique qui renouvellent les Encyclopédies du XIVᵉ siècle par l'ampleur de l'idée et de l'ordonnance. Giotto et Orcagna ont trouvé un héritier. Ici d'ailleurs est sa meilleure part : la composition magistrale de l'espace dans ses trois dimensions et la richesse d'expression des vides (*Châtiment d'Héliodore*). Les caprices naturalistes des Loges, où s'ébat en *grotteschi* la vie universelle, l'allégresse païenne de la *Galatée* en 1511 et de l'*Histoire de Psyché* à la Farnésine en 1514, disent son génie jeune et souple, et heureux, qui réussit sans effort comme il crée dans la joie. Le portraitiste, que son effigie de *Jules II* au Musée des Offices (pl. LXII) montre d'une franchise implacable, est même très hardi, sa gamme de coloris est plus étendue, sa matière plus généreuse et plus riche. Tantôt, pour *Léon X* par exemple, il est tenté par la vigueur du ton, tantôt, pour le parfait homme de cour *Balthazar Castiglion* (Musée du Louvre ; pl. LXII), par une subtile harmonie de gris qui est une des sourdines les plus expressives des temps modernes.

Son dessin extrêmement sensible est une mélodie modulée. L'esprit de chaque sujet y écrit son arabesque propre. Tantôt elle dit par sa flexion suave la tendresse de la Madone penchée sur l'Enfant; tantôt, par sa brusquerie et les plans bousculés, la laideur « réaliste » des stropiats dans le carton du *Châtiment d'Ananie* ; mais jamais elle ne se perd dans les résonances de la couleur. Sa peinture (car il est très peintre) tend à l'échantillonnage, sauf quand l'unifie le gris voilé du *Castiglione*, la blondeur générale de la fresque, ou le clair-obscur qui explose en fulgurances autour de l'*Évasion de saint Pierre* dans une des Chambres du Vatican. Organisant les contraires dans une harmonie supérieure, il s'offre à l'analyse, mais déçoit la formule. Il aura prouvé au monde que le génie le plus personnel peut naître non du parti pris comme chez Léonard de Vinci, mais d'une moyenne de qualités en équilibre.

Ses élèves, Perino del Vaga, Jean d'Udine, etc., rompent cet heureux équilibre, ne travaillent guère que sur ses cartons et n'excellent que dans la fantaisie charmante des grotesques et des arabesques. Le principal, Jules Romain (1492-1546), brutalise son dessin, épaissit sa forme, alourdit son coloris dans les tons de brique ; mais sa nature violente s'éploie, au palais du Té à Mantoue, dans des féeries mythologiques qui glorifient jusqu'au lyrisme la sensualité de la Renaissance.

Cette sensualité s'exalte dans les Écoles du Nord, loin de l'intellectuelle Florence et de Rome éclectique. Nul besoin d'ailleurs d'exagérer les tendances pour avoir des contrastes, comme ont fait Vasari et Carlo Dolci. Il est évident que Raphaël, à Rome, s'est accordé toutes les joies du coloris, mais elles ne naissent pas des profondeurs de son tempérament. Léonard lui-même reste jusque dans le *sfumato* un ciseleur précis de la forme. D'autre part, il est bien certain que le Corrège et les Vénitiens ont savouré l'arabesque. La nouveauté, c'est une sensualité d'essence picturale, vraie peinture de peintres, qui s'enferme presque dans le sentiment dionysiaque de soi-même. Elle inaugure la volupté moderne. L'esprit y prend sa très large part, mais précisément pour assurer le jeu des sens. Parme et Venise en sont les lieux d'élection.

L'intime originalité d'Allegri da Correggio (1494-1534) se révèle déjà dans ses grandes fresques décoratives. Vers 1518, à Parme, dans la chambre de l'abbesse du couvent de San Paolo, il simule à la voûte un ciel d'azur où monte une treille. Des groupes de *putti* s'y jouent. Au-dessous, des personnages en grisaille disent l'*Allégorie de la vie humaine*. L'allégresse de l'invention, la souplesse du dessin, le pinceau moelleux et léger vont bien à ce paganisme aérien. Après son voyage à Mantoue il développe avec une autre puissance ce que Mantegna n'avait qu'ébauché à la voûte de la salle degli Sposi au Castello. Il est le premier grand peintre de coupoles. Les fresques de la cathédrale et de Saint-Jean-l'Évangéliste à Parme perfectionnent l'illusionnisme de la peinture plafonnante, qui découvre les profondeurs du ciel en trouant la calotte de pierre, et jette dans l'espace bras et jambes en un tumulte de raccourcis. L'infini s'ouvre aux âmes des fidèles, mais par une pure virtuosité technique qui deviendra vite un poncif. Ni Raphaël, qui déployait en tenture sur les murailles de la Farnésine le *Banquet des dieux*, ni Michel-Ange, qui reconstruisait la voûte de la Sixtine en architecture simulée au lieu de la trouer, ni Mantegna lui-même, qui ne posait de raccourcis que sur l'extrême circonférence de la voûte, n'avaient fait ainsi. Les coupoles de Parme sont à l'origine de la décoration baroque du Seicento.

Seulement cette magie corrégienne est toute blonde, et nous voici au cœur de son génie. Il va sans dire que c'est dans le tableau qu'il se livre. Madones ou saintes à l'expression un peu mièvre, comme la *Madone de saint Jérôme* (pl. LXIII) et la *Madone à l'écuelle* à Parme, ou le groupe du *Mariage de sainte Catherine* au Louvre, mythologies comme l'*Antiope* du Louvre (pl. LXIV) et la *Danaé* de la Galerie Borghèse, toujours se trahissent ses préférences intimes : la femme et l'enfant. Sur ces formes jeunes, souples, il peut exercer son génie sans pensée, mais tendre, presque trop « aimable ». Dans l'inflexion de l'attitude, dans le rythme du geste, dans la douceur fondue du sourire, il y a un maniérisme évident. Il est très sensible dans la *Madone à l'écuelle* à Parme. Ici encore Corrège annonce le baroque. Son dessin un peu mol est tout en courbes, puisque la flexuosité est le mouvement de la caresse. Mais dessin tout de même, bien que Vasari lui reproche de ne savoir dessiner ; et dessin excellent puisqu'il lui est inné. A-t-il été à Rome ? En tous cas, il ne paraît pas être en intimité avec les antiques ; mais c'est tant mieux pour la spontanéité de sa nature, qui n'est pas fleur des ruines. L'arabesque est chantournée, la forme a une plénitude savoureuse. Nous voici aussi loin de la constriction mantegnesque que de la sécheresse florentine. Précisément le mélange inédit de la grâce et de la robustesse est le signalement particulier de ces Amours ou angelots, au nez épais, aux lèvres charnues et gourmandes, sensuels entremetteurs du désir. Un clair-obscur très personnel enveloppe ces jeunes corps. Comme chez Léonard il éveille sur le visage le sourire dont les nuances ondulent ; mais le sourire corrégien est celui d'une allégresse naïve, et il est modelé dans la lumière dorée. Antiope endormie est nue en pleine lumière, et l'on croirait de loin qu'elle est peinte dans un ton uniforme ; mais de près on voit une multitude de demi-teintes naître sous l'éclat de l'émail. L'ombre même est lumineuse et colorée, même quand le soir descend sur ces tableaux, qui dans un musée s'éteignent les derniers. La *Nativité* de la Galerie de Dresde (pl. LXIII) est un nocturne éclairé par le rayonnement que projette l'Enfant divin. Dans cette lumière les cheveux ont la morbidesse que Léonard cherchait, et sur la chair transparente de la femme la belle matière, la *pastosità* grasse et dorée, s'étale en touche moelleuse. Jamais la peinture à l'huile n'avait été « sentie » à ce degré.

Cet art devait séduire, mais on ne saurait l'imiter : il est personnel comme un secret. Il y a donc un maniérisme corrégien : celui de G. del Grano (1480-1518), de Rondani (1505-vers 1548), de Francesco Mazzola dit le Parmesan (1503-1540), qui pose sur de longs corps souples des figures menues dont se souviendra le Primatice, et celui de Baroccio (1528-1612), délicieux peintre religieux qui amenuise à la chinoise le visage de ses saintes, dans une blondeur générale. Le Corrège luministe et féminin a hanté le Seicento bolonais d'Annibal Carrache au Dominiquin, la Naples de Ribera, l'Espagne de Murillo, même la Hollande de Bol. Jusque dans notre XIXe siècle il viendra, avec Léonard, éveiller le génie de Prud'hon et de Diaz. Mais, en attendant, son rayonnement tiède et doré s'exerce sur Venise, qui est proche de Parme.

Le Corrège, qui meurt en 1534, nous amène donc aux Vénitiens. Mais comme les derniers d'entre eux, plus que lui et autant que Michel-Ange leur contemporain, font pencher la peinture de la « Renaissance » vers le « baroque » qui sera l'esprit du XVIIe siècle, il faut les réserver.

BIBLIOGRAPHIE SOMMAIRE

OUVRAGES GÉNÉRAUX

Giorgio Vasari, *Le Vite de' più eccellenti pittori, scultori ed architettori*. Éd. Milanesi, Florence, 1878 ; éd. Frey, Munich, 1911.

Charles Blanc, *Histoire des peintres de toutes les écoles*. Écoles italiennes, 5 vol. Paris, 1868-1876.

Crowe et Cavalcaselle, *Storia della pittura in Italia*. Florence, 1875-1912, 9 vol.

Eugène Müntz, *Histoire de l'art pendant la Renaissance*. Paris, 1889-1895, 3 vol.

Adolfo Venturi, *Storia dell'arte italiana* (en cours de publication), t. V, VII (1, 2, 3, 4) ; IX (1 et 2). Milan, 1907-1926.

Basilio Magni, *Storia dell' arte italiana dalle origini al secolo XX.* 3e éd., Rome, 1921-1924, 4 vol.

R. van Marle, *The developpement of the Italian schools of painting.* La Haye, 1923-1928, 10 vol.

Histoire de l'art publiée sous la direction d'André Michel : chapitres d'André Pératé, t. II, 2e partie ; t. III, 2e partie ; t. IV, 1re partie.

Collection de l'*Arte* depuis 1898 ; — de la *Rassegna d'arte* depuis 1901, — du *Bollettino d'arte*.

Seymour de Ricci, *Description raisonnée des peintures du Louvre (Italie et Espagne)*. Paris, 1910.

La Peinture au Musée du Louvre (publ. sous la direction de Jean Guiffrey) : *Écoles italiennes, XIIIe, XIVe et XVe siècles*, par L. Hautecœur. Paris, s. d. (1926).

OUVRAGES SPÉCIAUX

Les Écoles.

B. Berenson, *The Florentiner painters of the Renaissance*, New-York, 1893; — *The North Italian painters of the Renaissance*, Londres, 1907 ; — *The Central Italian painters of the Renaissance*, 2e éd., Londres, 1909 ; — *The Venetian painters of the Renaissance*, 3e éd., Londres, 1911. — Traduction française par L. Gillet et la comtesse de Rohan-Chabot. Paris, 1926, 4 vol.

Corrado Ricci, *L'Italie du Nord* (coll. « Ars una »). Paris, 1911.

F. Malaguzzi-Valeri, *Pittori lombardi del Quattrocento*. Milan, 1902.

G. Clausse, *Les Sforza et les arts en Milanais*. Paris, 1909.

Pompeo Molmenti, *La Peinture vénitienne*. Florence, 1904.

P. FLAT, *Les premiers Vénitiens*. Préface de Maurice BARRÈS. Paris, 1899.

Lionello VENTURI, *Le origini della pittura veneziana, 1300-1500*. Venise, 1907.

Laudedeo TESTI, *Storia della pittura veneziana*. Bergame, 1909-1915, 2 vol.

E. JACOBSEN, *Sienische Meister des Trecento in der Gemäldegalerie zu Siena*. Strasbourg, 1907 ; — *Das Quattrocento in Siena. Studien in der Gemäldegalerie der Akademie*. Strasbourg, 1908.

Evelyn SANDBERG VAVALA, *La pittura senese del Trecento e del primo Quattrocento*. Vérone, 1926.

E. CECCHI, *Les Peintres siennois*. Trad. française par J. CHUZEVILLE. Paris, 1928.

L. GIELLY, *Les Primitifs siennois* (coll. « Les Maîtres du Moyen Age et de la Renaissance »). Paris, s. d. (1926).

Walter BOMBE, *Geschichte der Peruginer Malerei bis zu Perugino und Pinturicchio*. Berlin, 1912.

E. JACOBSEN, *UmbrischeMalerei des XIV. XV. und XVI. Jahrhunderts*. Strasbourg, 1914.

Umberto GNOLI, *Pittori e miniatori dell' Umbria*. Spoleto, 1923.

G. GRUYER, *L'Art ferrarais à l'époque des princes d'Este*. Paris, 1897.

Th. BENSA, *La Peinture en Provence, à Nice et en Ligurie, du XIVe au milieu du XVIc siècle*. Nice, 1909.

Les Origines.

G.-E. RIZZO et Pietro TOESCA, *Storia dell' arte italiana dalle origini cristiane alla fine del secolo XIII*. Turin, 1913-1927.

R. VAN MARLE, *La peinture romaine au Moyen Age, son développemment du VIe jusqu'à la fin du XIIIe siècle*. Strasbourg, 1921.

Henry THODE, *Franz von Assisi und die Anfänge der Kunst der Renaissance in Italien*. Berlin, 1885. Trad. française par Gaston LEFÈVRE, Paris, 1909.

Jules DESTRÉE, *Notes sur les Primitifs italiens : Sur quelques peintres de Toscane*. Bruxelles et Florence, 1899 ; — *Sur quelques peintres des Marches de l'Ombrie*. Bruxelles et Florence, 1900 ; — *Sur quelques peintres de Sienne*. Bruxelles et Florence, 1903.

Oswald SIRÉN, *Toskanische Maler im XIII. Jahrhundert*. Berlin, 1922.

F. HERMANIN, *Gli affreschi di Piero Cavallini a Santa Cecilia in Trastevere*. Rome, 1902.

H. QUITTER, *Giotto*. Londres, 1880.

Henry THODE, *Giotto* (coll. « Künstler-Monographien »). Bielefeld et Leipzig, 1899.

F. MASON PERKINS, *Giotto* (coll. « Great Masters »). Londres, 1902.

B. de SELINCOURT, *Giotto*. Londres, 1905.

Oswald SIRÉN, *Giotto*. Stockholm, 1906. Trad. anglaise par SCHERCK ; — *Giotto and some of his followers*. Cambridge, 1917.

Ch. BAYET, *Giotto*. (coll. « Les Maîtres de l'art »). Paris, s. d. (1907).

I.-B. SUPINO, *Giotto*. Florence, 1921.

W. HAUSENSTEIN, *Giotto*. Berlin, 1923.

Alice MEUNIER, *Giotto* (coll. « Maîtres anciens et modernes »). Paris, s. d. (1926).

C. CARRÁ, *Giotto*. Trad. française par V.-A. GAUTHIER. Paris, 1926.

Marcel BRION, *Giotto* (coll. « Maîtres de l'art ancien »). Paris, 1927.
R. VAN MARLE, *Giotto et Simone Martini et les peintres de son école*. Strasbourg, 1920.
Agnès GOSCHE, *Simone Martini*. Leipzig, 1899.
Abel LETALLE, *Les Fresques du Campo Santo de Pise*. Paris, s. d. (1914).
André PÉRATÉ, *Études sur la peinture siennoise : Duccio* (*Gazette des Beaux-Arts*, 1893).
WEIGELT, *Duccio di Buoninsegna*. Leipzig, 1911.
G. SOULIER, *Les influences orientales dans la peinture toscane*. Paris, 1924.

Les Maîtres du Quattrocento.

B. BERENSON, *A Sienese painter of the Franciscan Legende (Sassetta)*. Londres, 1909.
E. GAILLARD, *Un peintre siennois au XVe siècle : Sano di Pietro*. Chambéry, 1923.
VASARI, *Le Vite : Gentile da Fabriano e il Pisanello*, avec commentaire critique d'Ad. VENTURI. Florence, 1896.
A. COLASANTI, *Gentile da Fabriano*. Bergame, 1909.
G.-F. HILL, *Pisanello*. Londres, 1905.
Jean de FOVILLE, *Pisanello et les médailleurs italiens* (coll. « Les Grands artistes »). Paris, s. d. (1908).
A. CALABI et CORNAGGIA, *Pisanello*. Milan, 1928.
P. TŒSCA. *Masolino da Panicale*. Bergame, 1908,
H. SCHMARSOW, *Masaccio, der Begründer des klassischen Stils der italienischen Malerei*. Kassel, 1900 ; — *Masaccio-Studien*. Cassel, 1895-1900, 5 fasc. avec planches.
Masaccio (publ. collective, sous la direction de G. MAGHERINI-GRAZIANI, à l'occasion des fêtes en l'honneur de l'artiste à San Giovanni di Val d'Arno en 1903). Florence, 1903.
Jacques MESNIL, *Masaccio et les débuts de la Renaissance*. La Haye, 1927.
C. CARTIER, *Vie de Fra Angelico de Fiesole*. Paris, 1857.
E. BEISSEL, *Fra Angelico da Fiesole*. Fribourg en Brisgau, 1896. Trad. française avec introduction par J. HELBIG. Lille, s. d.
J.-B. SUPINO, *Beato Angelico*. Florence, 1901.
G. SORTAIS, *Fra Angelico et Benozzo Gozzoli*. Lille-Paris-Rome-Bruxelles, s. d.
Alfred PICHON, *Fra Angelico* (coll. « Les Maîtres de l'art »). Paris, s. d. (1911).
Max WINGENROTH, *Angelico da Fiesole* (coll. « Künstler-Monographien »). Bielefeld et Leipzig, 1906.
Fra Angelico (coll. « Klassiker der Kunst »). Stuttgart, 1911 ; trad. française, Paris, 1911.
André PÉRATÉ, *Les Fresques de Fra Angelico à Saint-Marc de Florence*. Paris, 1914-1921.
Ed. SCHNEIDER, *Fra Angelico da Fiesole* (coll. « Les Maîtres du Moyen Age et de la Renaissance). Paris, s. d. (1924).
P. MURATOFF, *Fra Angelico*. Traduction française par Jean CHUZEVILLE. Paris, 1929.
C. LOESER, *Paolo Uccello* (*Repertorium für Kunstwissenschaft*, 1898).
Urbain MENGIN, *Benozzo Gozzoli* (coll. « Les Maîtres de l'art »). Paris, s. d. (1908).
Henriette MENDELSOHN, *Fra Filipo Lippi*. Berlin, 1909.
I.-B. SUPINO, *Les deux Lippi*. Florence, 1904.
Emilio LONDI, *Alesso Baldovinetti, pittore fiorentino*-Florence, 1907.

Ernst STEINMANN, *Ghirlandajo* (coll. « Künstler-Monographien »). Bielefeld et Leipzig, 1899.

H. HAUVETTE, *Ghirlandajo* (coll. « Les Maîtres de l'art »). Paris, s. d. (1907).

H. MACKOWSKY, *Verrocchio* (coll. « Künstler-Monographien »). Bielefeld et Leipzig, 1901.

Fr. KNAPP, *Piero di Cosimo : sein Leben und seine Werke*. Halle a. S., 1898.

E. STEINMANN, *Botticelli* (coll. « Künstler-Monographien »). Bielefeld et Leipzig, 1897.

I.-B. SUPINO, *Sandro Botticelli*. Florence, 1900.

A. STREETER, *Botticelli* (coll. « Great Masters »). Londres, 1903.

E. GEBHART, *Sandro Botticelli et son époque*. Paris, 1906.

Ch. DIEHL, *Sandro Botticelli* (coll. « Les Maîtres de l'art »). Paris, s. d. (1906).

A.-J. RUSCONI, *Botticelli*. Bergame, 1907.

René SCHNEIDER, *Botticelli* (coll. « Les Grands artistes »). Paris, s. d. (1911).

A.-P. OPPÉ, *Sandro Botticelli*. Paris, 1913.

Sandro Botticelli : i disegni per la Divina Commedia di Dante Alighieri. Prefazione di I.-B. SUPINO. Bologne, 1921.

Sandro Botticelli : Zeichnungen zu Dantes Göttlicher Komödie. Einleitung und Erklärung von F. LIPPMANN. Berlin, 1921.

A. VENTURI, *Botticelli*. Trad. française par C. d'ALTHAUS. Paris, 1926 ; — *Il Botticelli interprete di Dante*. Florence, 1922.

Arsène ALEXANDRE, *Botticelli* (coll. « Maîtres de l'art ancien »). Paris, 1929.

H.-T. KROEBER, *Die Einzelportrots des Sandro Botticelli*. Leipzig, 1910.

A. WARBURG, *Sandro Botticellis Geburt der Venus und Frühling*. Hambourg et Leipzig, 1893.

Maud CRUTTWELL, *Signorelli* (coll. « Great Masters »). Londres, 1899.

Ad. VENTURI, *Luca Signorelli*, Florence, 1922.

G.-C. WILLIAMSON, *Pietro Vannucci called Perugino* (coll. « Great Masters »). Londres, 1900.

Fr. KNAPP, *Perugino* (coll. « Künstler-Monographien »). Bielefeld et Leipzig, 1907.

Walter BOMBE, *Perugino : des Meistersgemälde* (coll. « Klassiker der Kunst »). Stuttgart, 1914.

Umberto GNOLI, *Pietro Perugino*. Spoleto, s. d.

Jean ALAZARD, *Le Pérugin* (coll. « Les Grands artistes »). Paris, s. d. (1927).

Ernst STEINMANN, *Die Sixtinische Kapelle*. Munich, 1901-1904, 2 vol.

Ad. VENTURI, *La Cappella Sistina*. Rome, 1926.

H. THODE, *Mantegna* (coll. « Künstler-Monographien »). Bielefeld et Leipzig, 1897.

P. KRISTELLER, *Andrea Mantegna*. Londres, 1901.

Maud CRUTTWELL, *Mantegna* (coll. « Great Masters »). London, 1901.

Andrea Mantegna (coll. « Klassiker der Kunst »). Stuttgart, 1910. Trad. française, Paris, 1911.

André BLUM, *Mantegna* (coll. « Les Grands artistes »). Paris, s. d. (1911).

G. FIOCCO, *L'Arte di Andrea Mantegna*. Bologne, 1927.

W.-G. WATERS, *Piero della Francesca* (coll. « Great Masters »). London, 1908.

Evelyn MARINI FRANCESCHI, *Piero della Francesca*. Città di Castello, 1912.

H. GRAEBER, *Piero della Francesca*. Bâle, 1920.

Adolfo VENTURI, *Piero della Francesca*. Florence, 1922.

Roberto LONGHI, *Piero della Francesca*. Trad. française par Jean CHUZEVILLE. Paris, 1927.

H. SCHMARSOW, *Pinturicchio in Rom*. Stuttgart, 1880.

F. WRITING, *Piero dei Franceschi*. Strasbourg, 1898.

E. STEINMANN, *Pinturicchio* (coll. « Künstler-Monographien »). Bielefeld et Leipzig, 1898.

BOYER D'AGEN, *Le Peintre des Borgia : Pinturicchio, sa vie, son œuvre, son temps*. Paris, 1900.

Corrado RICCI, *Pinturicchio*. Pérouse, 1903.

Evelyn March PHILLIPS, *Pintoricchio* (« coll. Great Masters »). London, 1908.

Arnold GOFFIN, *Pintoricchio* (coll. « Les Grands artistes »). Paris, s. d. (1908).

Roberto LONGHI, *Antonello de Messine* (dans *L'Arte*, 1914).

McNeil RUSHFORD, *Crivelli* (coll. « Great Masters »). Londres, 1900.

Léon et Gabrielle ROSENTHAL, *Vittore Carpaccio* (coll. « Les Grands artistes »). Paris, s. d. (1906).

G. LUDWIG et P. MOLMENTI, *Vittore Carpaccio, la vita e le opere*. Milan, 1905. Trad. française par H.-L. de PERERA, Paris, 1910.

G. GRONAU, *Die Künstlerfamilie Bellini* (coll. « Künstler-Monographien »). Bielefeld et Leipzig, 1909.

E. CAMMAERTS, *Les Bellini* (coll. « Les Grands artistes »). Paris, s. d. (1912).

CANTALAMESSA, *L'arte di Jacopo Bellini*. Venise, 1896.

R.-E. FRY, *Giovanni Bellini*. Londres, 1900.

Les Maîtres du Cinquecento.

H. WÖLFFLIN, *L'Art classique. Initiation au génie de la Renaissance italienne*. Traduit sur la 4e éd. par Conrad de MANDACH. Paris, 1911.

F. MALAGUZZI-VALERI, *La Corte di Lodovico il Moro*, t. II. Milan, 1915.

F. TUROTTI, *Leonardo da Vinci e la sua scuola ; illustratione storiche e note. Colla traduzione dell'opera suddetta di* F. RIO. Milan, 1857.

A. FARINELLI, *Sentimento concetto della natura in Leonardo da Vinci* (dans *Miscellanea di studi critici edita in onore di Arturo Graf*, 1903) où se trouve une abondante bibliographie des études consacrées à Léonard de Vinci et des éditions de ses dessins et de ses écrits.

A. ROSENBERG, *Leonardo da Vinci* (coll. « Künstler-Monographien »). Bielefeld et Leipzig, 1898.

E. MÜNTZ, *Léonard de Vinci : l'artiste, le penseur, le savant*. Paris, 1899.

Gabriel SÉAILLES, *Léonard de Vinci* (coll. « Les Grands artistes »). Paris, s. d. (1903).

E. McCURDY, *Leonardo da Vinci* (coll. « Great Masters »). Londres, 1904.

Léonard de Vinci : textes choisis... traduits... avec une introduction par PÉLADAN. Paris, 1907,

Léonard de Vinci : Traité du paysage. Traduit... in extenso sur le « Codex Vaticanus », avec un commentaire, par PÉLADAN. Paris, 1914.

Giovanni POGGI, *Leonardo da Vinci (la Vita di Giorgio Vasari nuovamente commentata)*. Florence, 1919.

Adolfo VENTURI, *Leonardo da Vinci pittore*. Bologne, 1920.

A. SCHIAPARELLI, *Leonardo rittratista*. Milan, 1921.

Lionello VENTURI, *La critica e l'arte di Leonardo da Vinci*. Bologne, 1920.

Marie HERZFELD, *Leonardo da Vinci*. Iena, 1926.

Oswald SIRÉN, *Leonardo da Vinci.* Stockholm, 1911. Trad. anglaise, New-Haven-London-Oxford, 1916. Trad. française par Jean BUHOT, Paris et Bruxelles, 1928, 3 vol.

G.-C. WILLIAMSON, *Bernardino Luini* (coll. « Great Masters »). Londres, 1899.

L. BELTRAMI, *B. Luini*. Milan, 1911.

L. BELTRAMI, *Note sul Borgognone* (*L'Arte*, 1909).

Ethel HALSEY, *Gaudenzio Ferrari* (coll. « Great Masters »). Londres, 1904.

Ctesse L. PRIULI-BON, *Sodoma* (coll. « Great Masters »). Londres, 1900.

L. GIELLY, *Giovan Antonio Bazzi, dit le Sodoma* (coll. « Les Maîtres de l'art »). Paris, s. d. (1910).

Hobhart CUST, *Giov. Antonio Bazzi*. Londres, 1906.

E. JACOBSEN, *Sodoma und das Cinquecento in Siena : Studien in der Gemäldegalerie zu Siena*. Strasbourg, 1910.

Henri HAUVETTE, *Le Sodoma* (coll. « Les Grands artistes »). Paris, s. d. (1911).

Ch. TERRASSE, *Sodoma* (coll. « Art et Esthétique »). Paris, 1928.

G.-C. WILLIAMSON, *Francia* (coll. « Great Masters »). Londres, 1901.

H. SCHULZE, *Die Werke Angelo Bronzinos*. Strasbourg, 1911.

Jean ALAZARD, *Le Portrait florentin de Botticelli à Bronzino*. Paris, 1924.

FRÖHLICH-BUM, *Parmigianino und der Manierismus*. Vienne, 1921.

H. KNACKFUSS, *Raffael* (coll. « Künstler-Monographien »). Bielefeld et Leipzig, 1894.

H. STRACHEY, *Raphael* (coll. « Great Masters »). Londres, 1899.

E. MÜNTZ, *Raphaël*. Paris, 1900.

F. LAVERY, *Raphaël*. Londres, 1900.

Louis GILLET, *Raphaël* (coll « Les Maîtres de l'art »). Paris, s. d. (1907).

Raphaël (coll. « Klassiker der Kunst »). Stuttgart, 1904 ; trad. française, Paris, 1909.

Adolfo VENTURI, *Raphaël*. Rome, 1920.

Henri FOCILLON, *Raphaël* (coll. « Maîtres anciens et modernes »). Paris, 1926.

Ch. COPPIER, *L'Énigme de la Segnatura ; Raphaël et le Sodoma*. Paris, 1928.

Th. LESSING, *Madonna Sixtina*. Leipzig, 1908.

H. POSSE, *Raffaels Sixtinische Madonna*. Berlin, s. d.

M. SCHMID, *Raffaels Accademia, gen. « Schule von Athen »*. Munich, 1914.

J. VOGEL, *Bramante und Raffael*. Leipzig, 1910.

H. von der GABELENTZ, *Fra Bartolommeo und die Florentiner Renaissance*. Leipzig, 1922.

H. GUINNESS, *A. del Sarto* (coll. « Great Masters »). Londres, 1899.

Fr. KNAPP, *Andrea del Sarto* (coll. « Künstler-Monographien »). Bielefeld et Leipzig, 1907.

H. THODE, *Correggio* (coll. « Künstler-Monographien »). Bielefeld et Leipzig, 1898.

Selwyn BRINTON, *Correggio* (coll. « Great Masters »). Londres, 1900.

P. de STŒCKLIN, *Le Corrège* (coll. « Art et Esthétique »). Paris, 1928.

Adolfo VENTURI, *Il Correggio*. Rome, 1923 et 1927.

Laudedeo TESTI, *Correggio*. Florence, 1923.

TABLE DES MATIÈRES

ACHEVÉ D'IMPRIMER
LE VINGT-TROIS AOUT MIL NEUF CENT VINGT-NEUF
PAR L'IMPRIMERIE PROTAT FRÈRES A MACON
POUR LES ÉDITIONS G. VAN OEST A PARIS ET BRUXELLES.
PLANCHES HORS TEXTE EN HÉLIOGRAVURE
TIRÉES PAR LA SOCIÉTÉ ANONYME
NÉOGRAVURE A PARIS

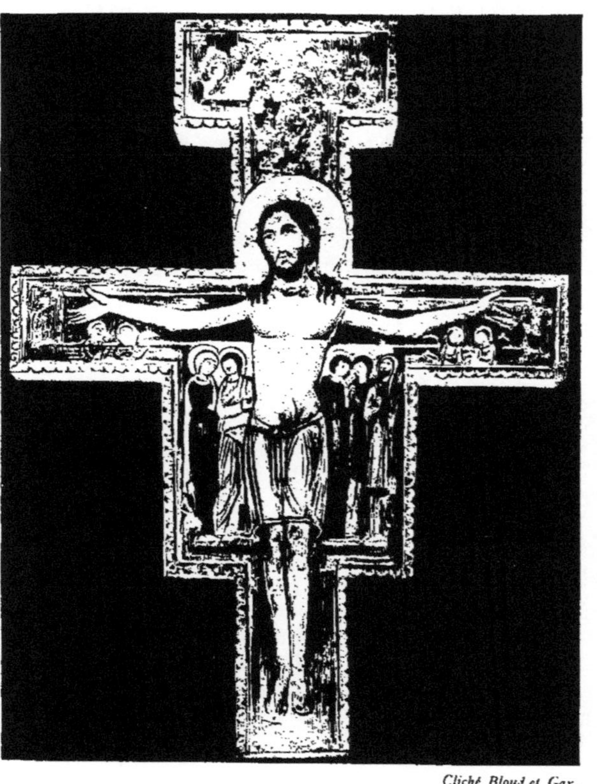

Cliché Bloud et Gay.

Crucifix peint (XIIe siècle).
(Basilique Sainte-Claire, Assise.)

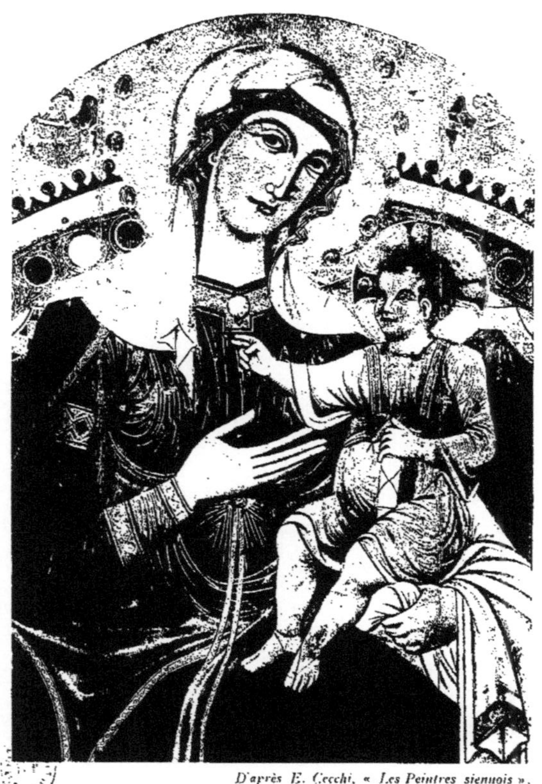

D'après E. Cecchi, « Les Peintres siennois ».

Guido de Sienne.
La Madone avec l'Enfant Jésus.
(Académie des Beaux-Arts, Sienne.)

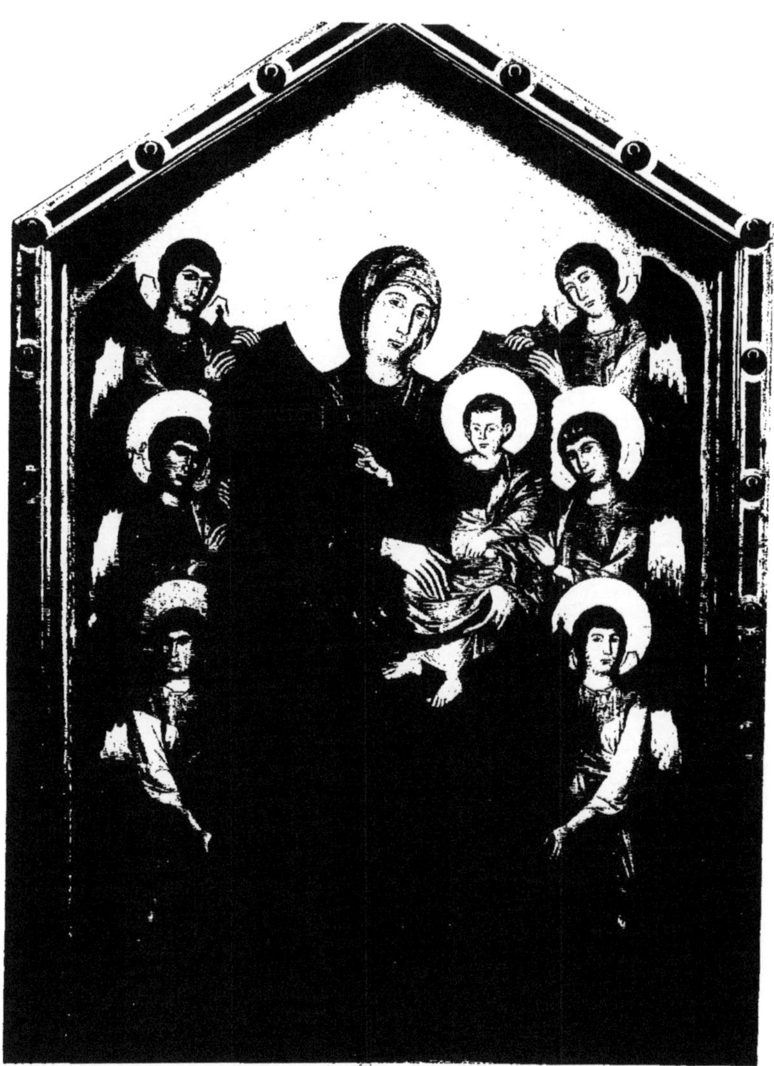

Cliché J.-E. Bulloz.

CIMABUE (?)
La Madone avec l'Enfant, entourée d'anges.
(Musée du Louvre, Paris.)

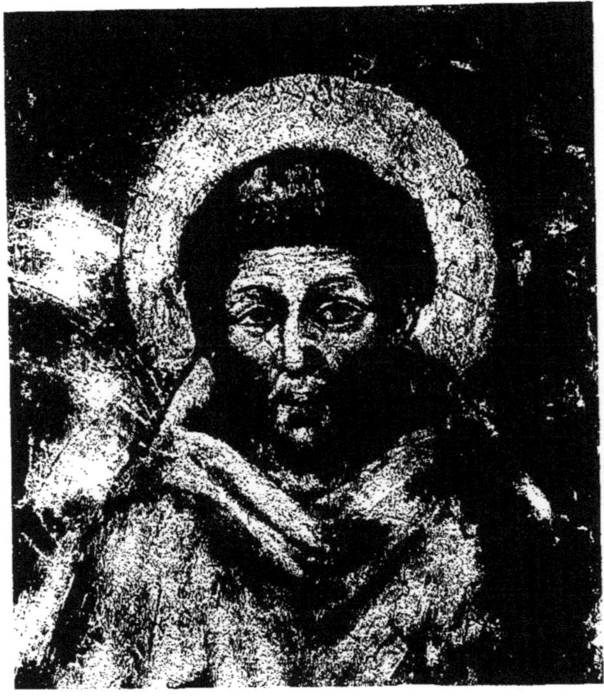

Cimabué (?)
Tête de saint François
dans « La Madone entourée d'anges, avec saint François »,
fresque.
(Basilique inférieure de San Francesco, Assise.)

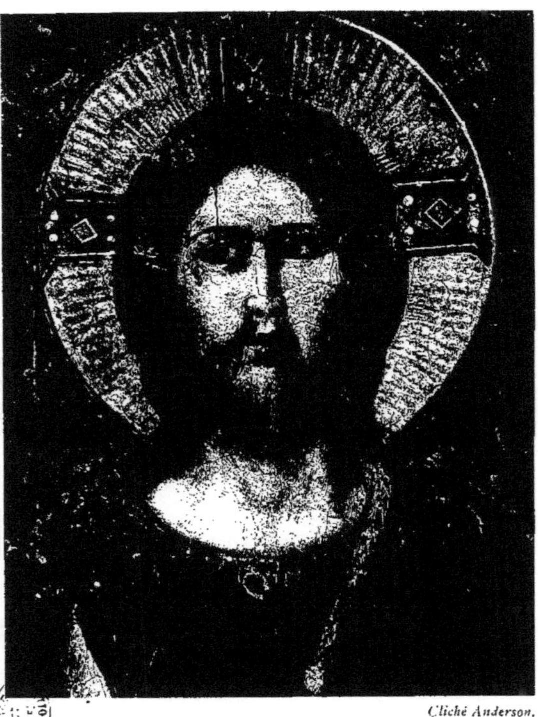

Pietro Cavallini.
Tête du Christ dans le « Jugement dernier »,
fresque.
(Église Sainte-Cécile au Transtévère, Rome.)

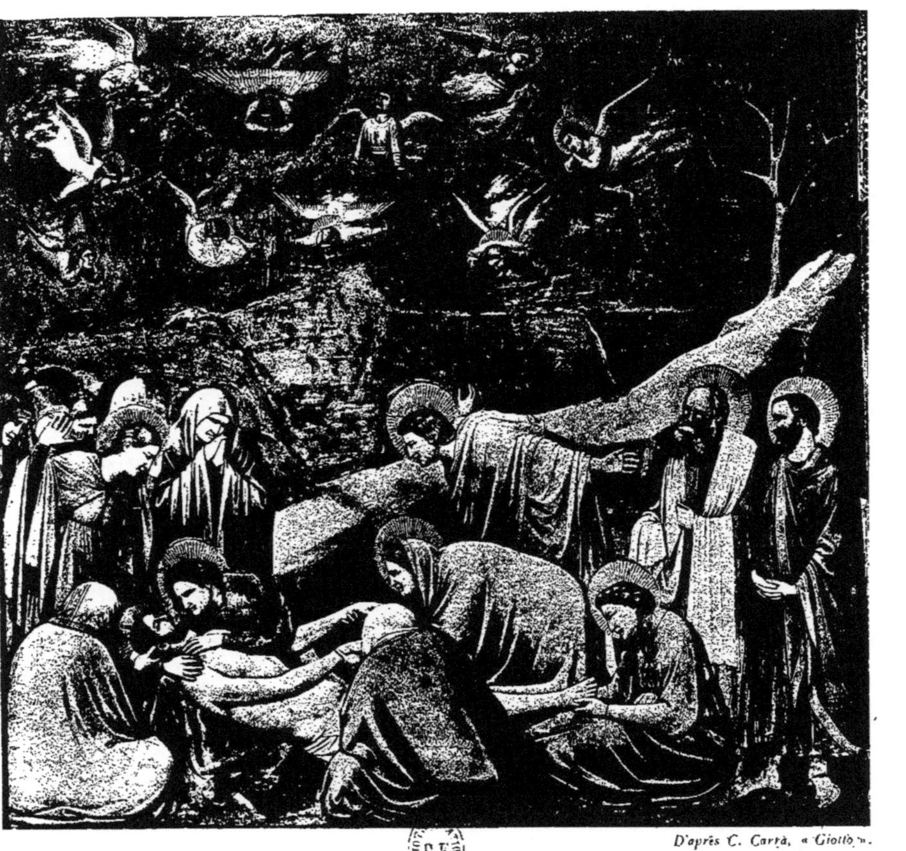

GIOTTO.
Le Christ déposé de la croix,
fresque.
(Chapelle de l'Arena, Padoue.)

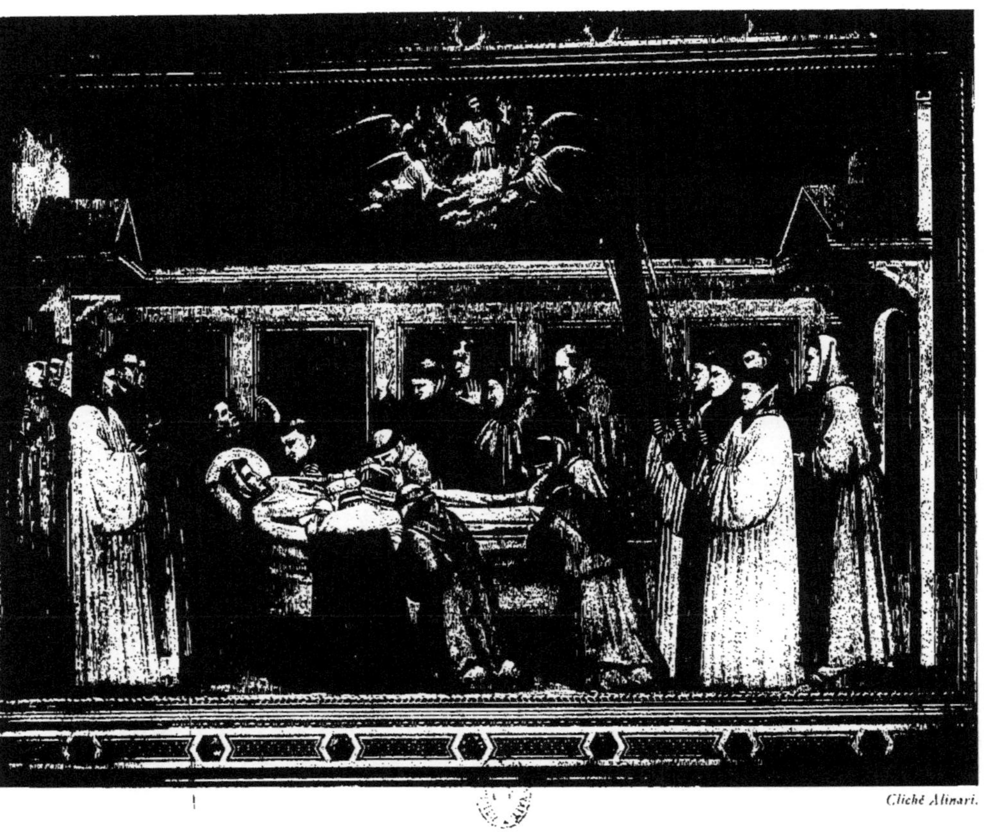

GIOTTO.
La Mort de saint François,
fresque.
(Église Santa Croce, Florence.)

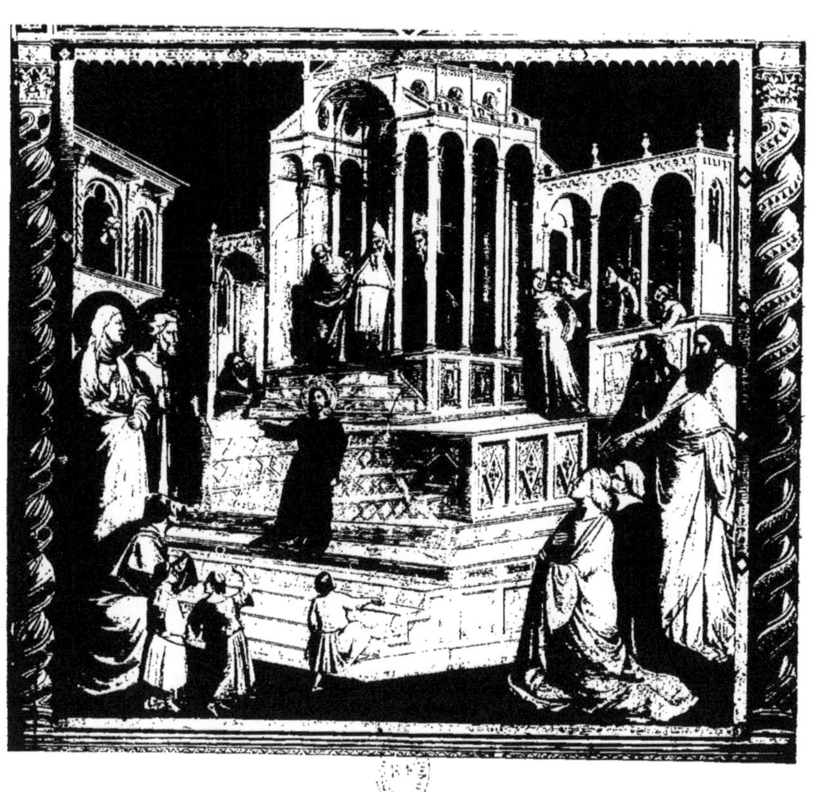

Taddeo Gaddi.
La Présentation de la Vierge au Temple,
fresque.
(Église Santa Croce, Florence.)

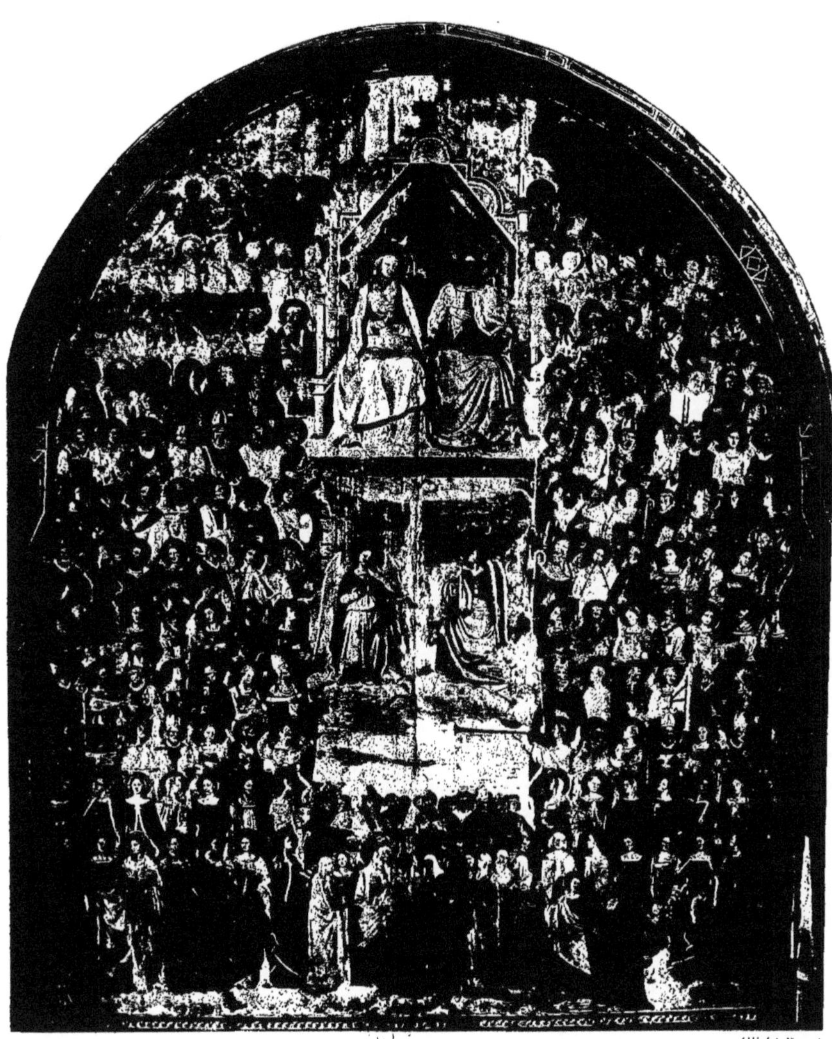

ORCAGNA.
Le Paradis, fresque.
(Église Santa Maria Novella, Florence.)

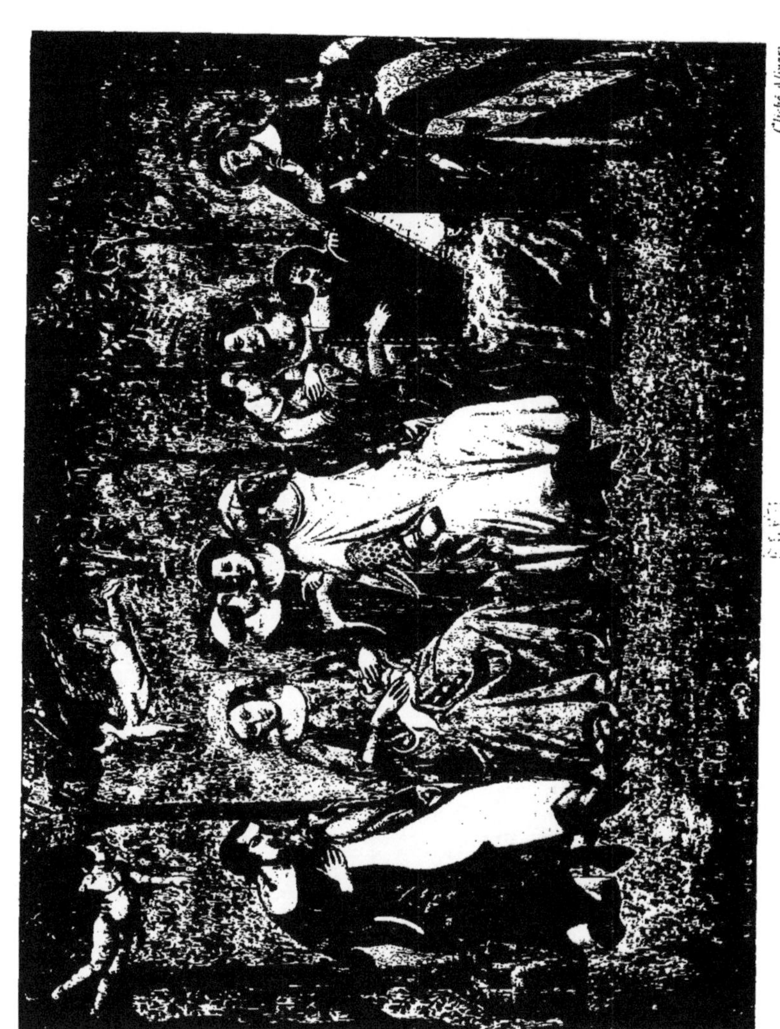

Francésco TRAINI (?)

Les Heureux du monde, détail du « Triomphe de la Mort », fresque.

(Campo Santo, Pise.)

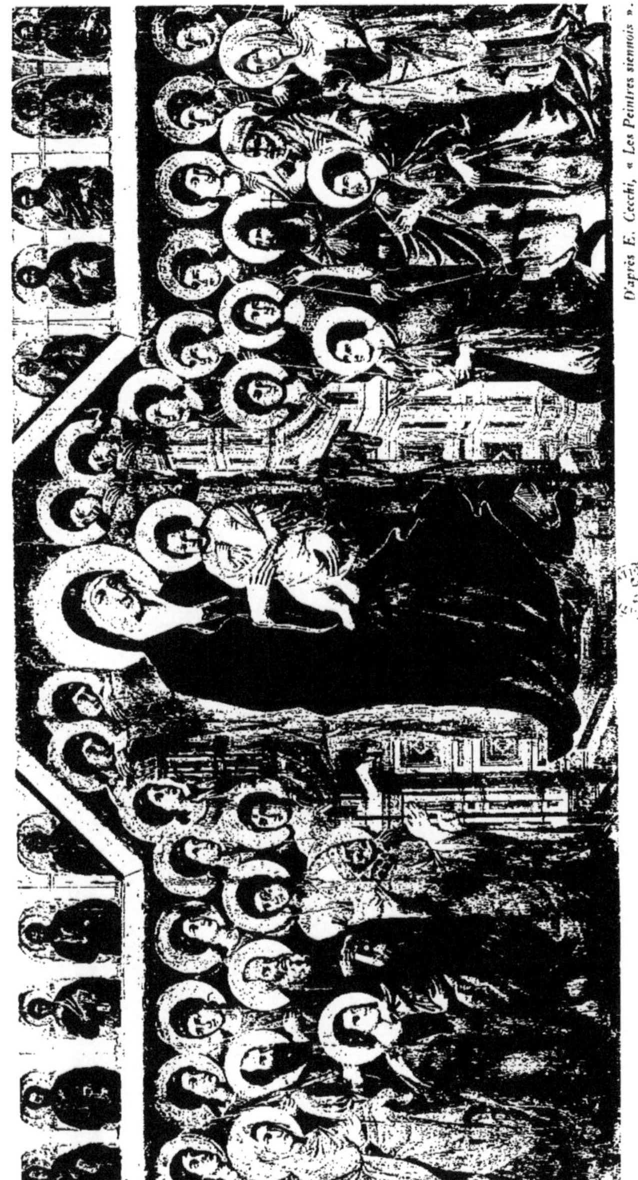

Duccio.
La Madone avec l'Enfant, entourée d'anges et de saints.
(« La Maestà »).
(Musée du Dôme, Sienne.)

D'après E. Cecchi, « Les Peintres siennois ».

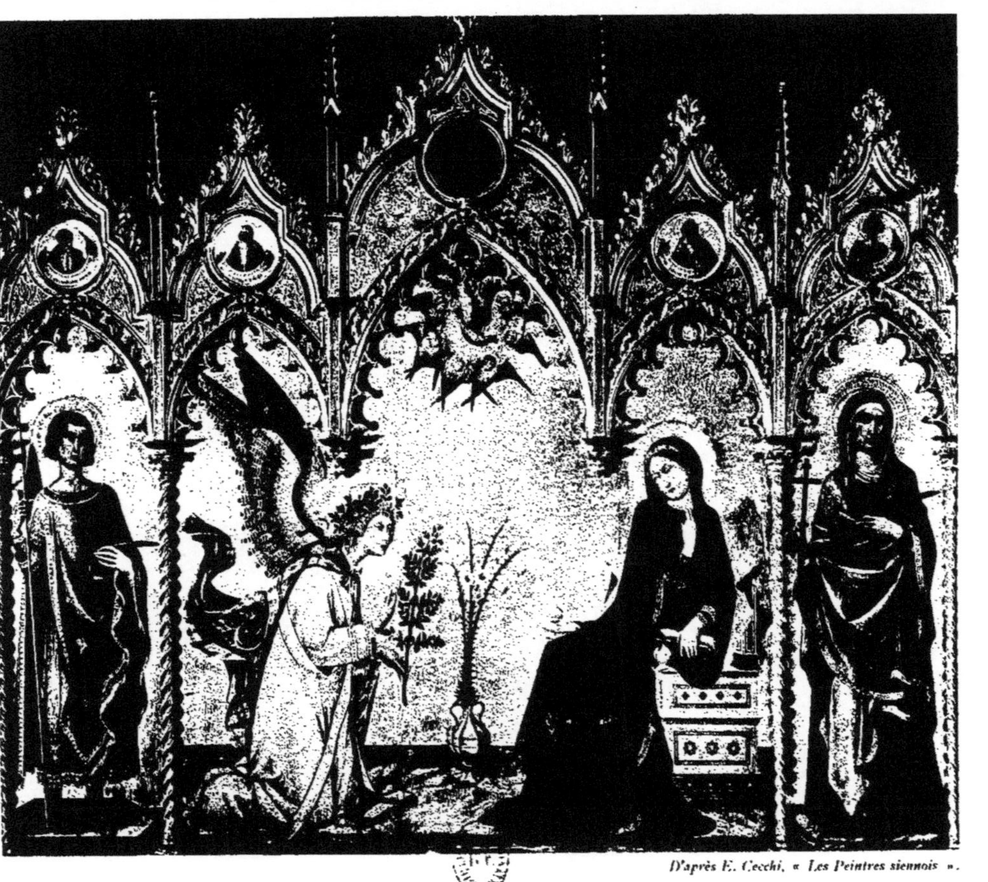

D'après E. Cecchi, « Les Peintres siennois ».

Simone di MARTINO.
L'Annonciation.
(Galerie des Offices, Florence.)

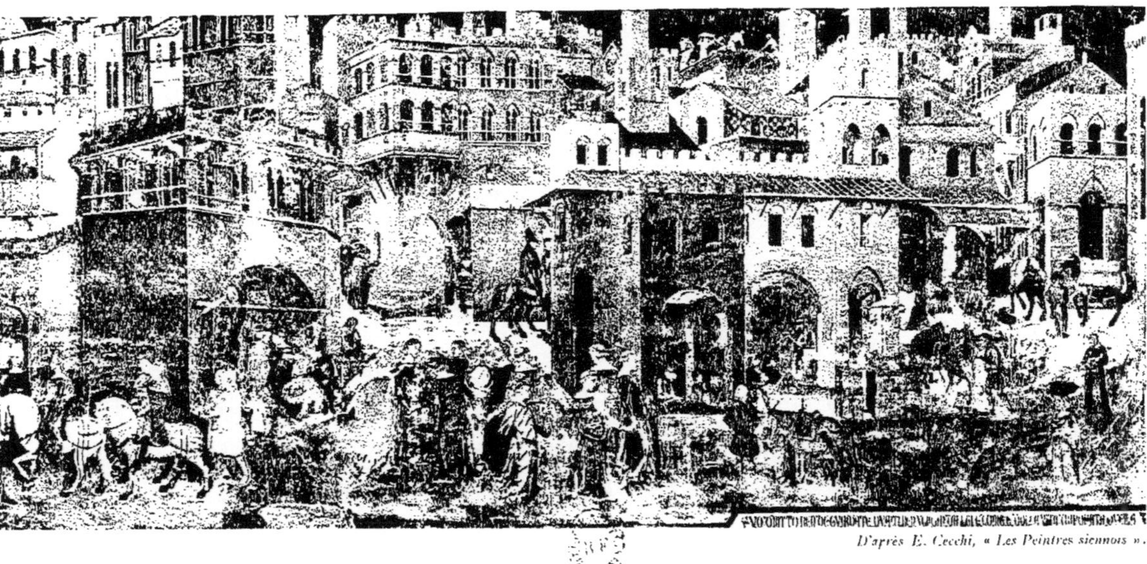

Ambrogio LORENZETTI.
Les Effets du bon gouvernement (détail),
fresque.
(Palais public, Sienne.)

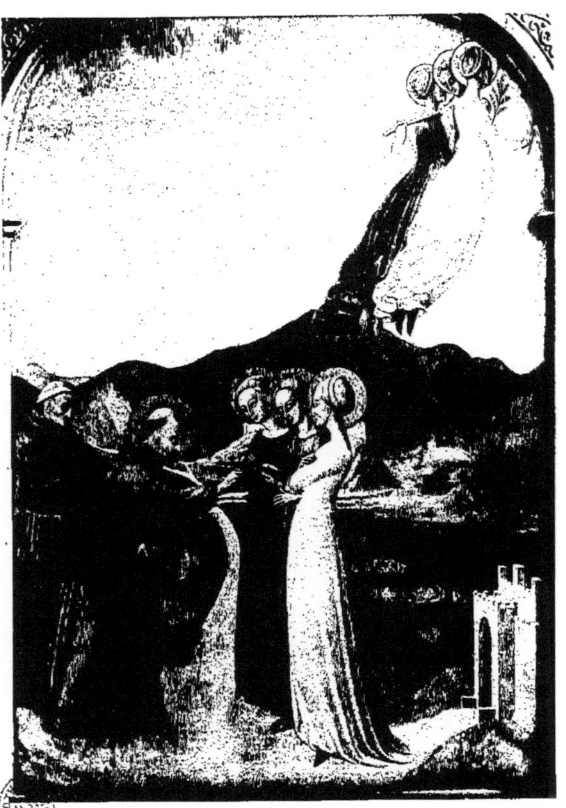

D'après E. Cecchi, « Les Peintres siennois ».

Ambrogio Lorenzetti.
La Paix (détail des « Effets du bon gouvernement »), fresque.
(Palais public, Sienne.)

Cliché J.-E. Bulloz.

Sassetta.
Le Mariage mystique de saint François
avec la Pauvreté, la Chasteté et l'Obéissance.
(Musée Condé, Chantilly.)

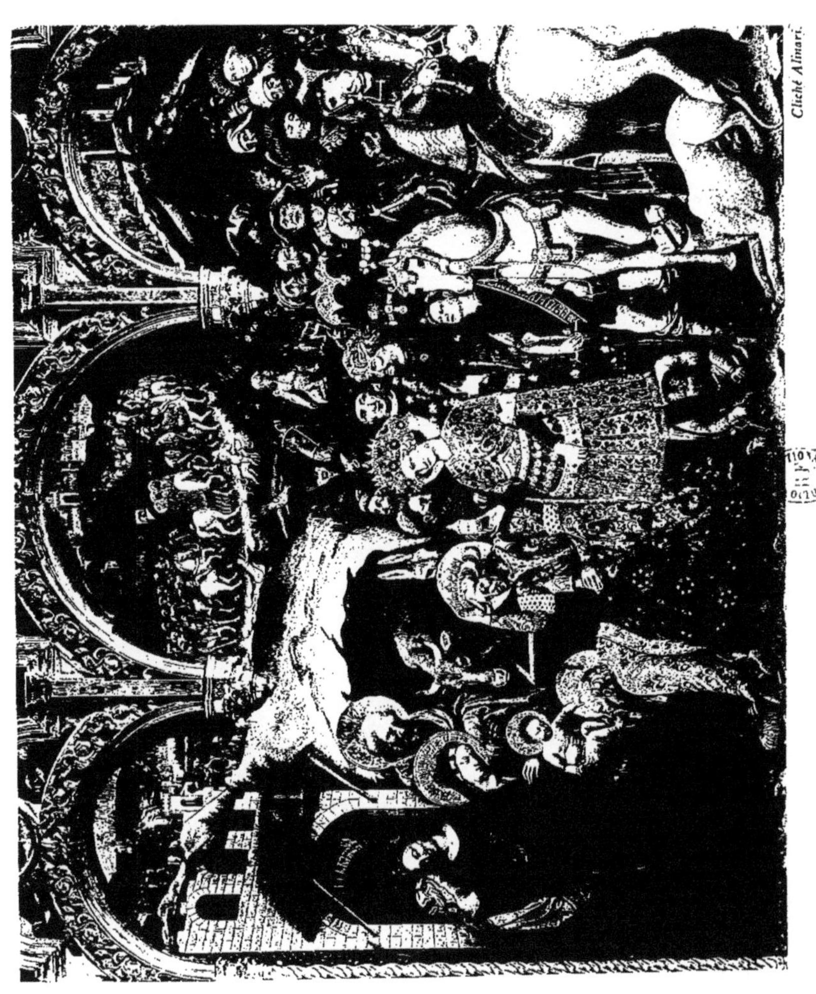

Gentile da Fabriano.
L'Adoration des Mages.
(Galerie des Offices, Florence.)

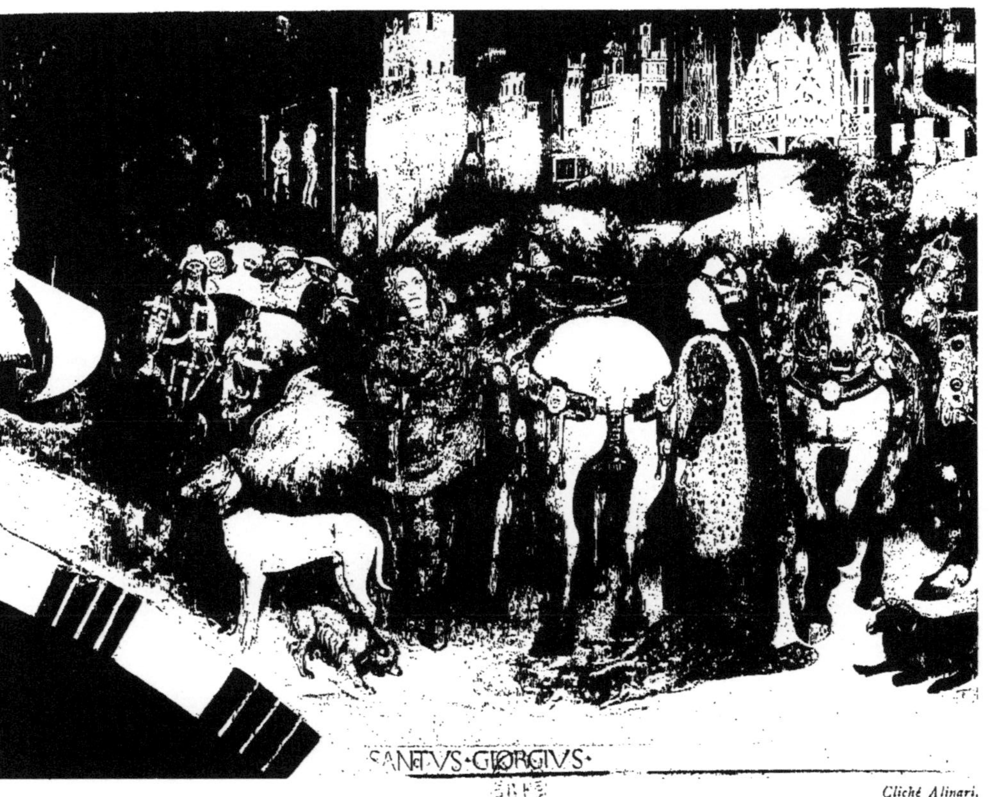

Cliché Alinari.

Vittore Pisano.
La Légende de saint Georges,
fresque.
(Église Santa Anastasia, Vérone.)

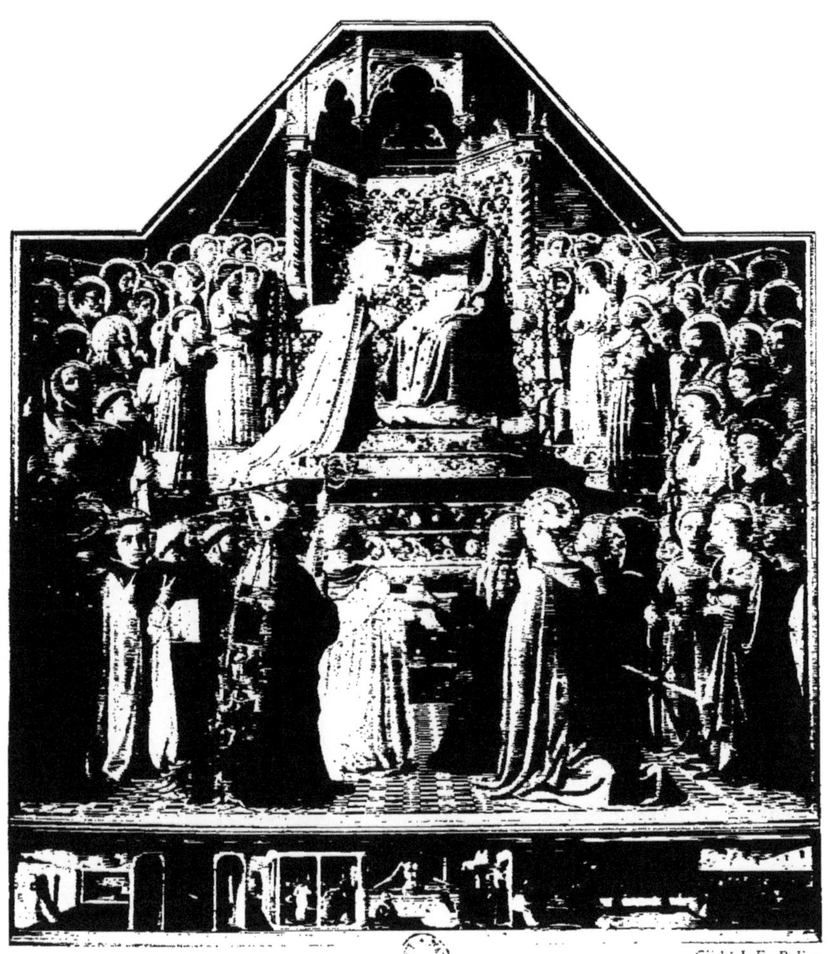

Fra Angelico.
Le Couronnement de la Vierge.
Musée du Louvre, Paris.

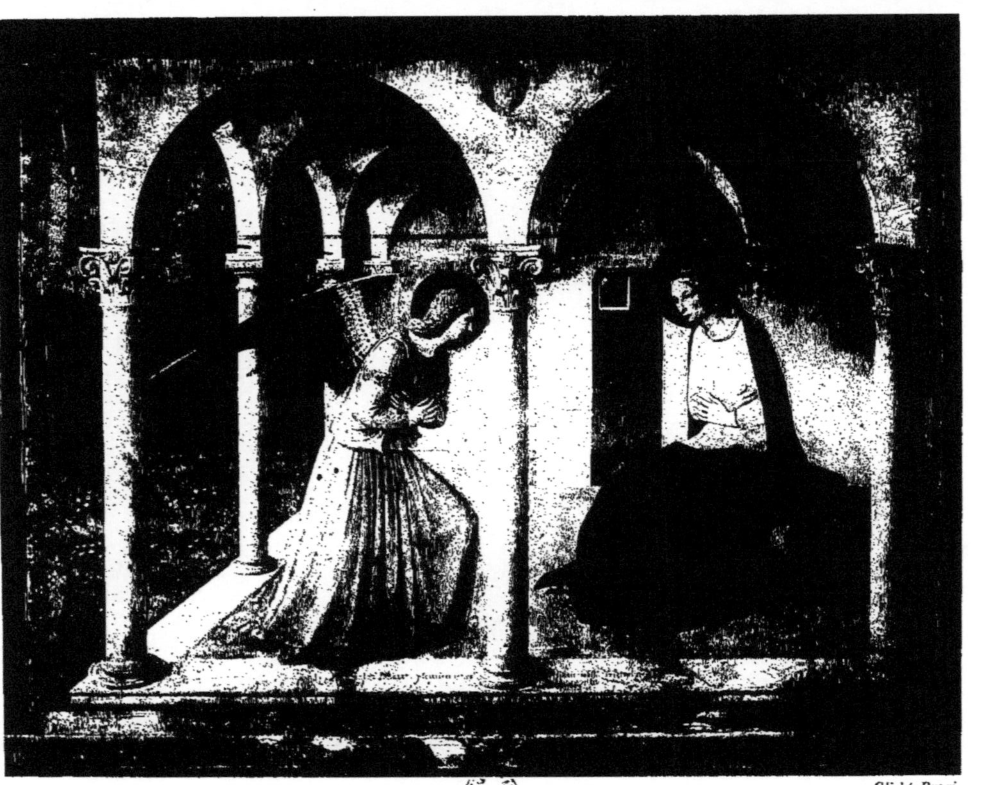

Cliché Brogi.

Fra Angelico.

L'Annonciation,
fresque.
(Couvent de San Marco, Florence.)

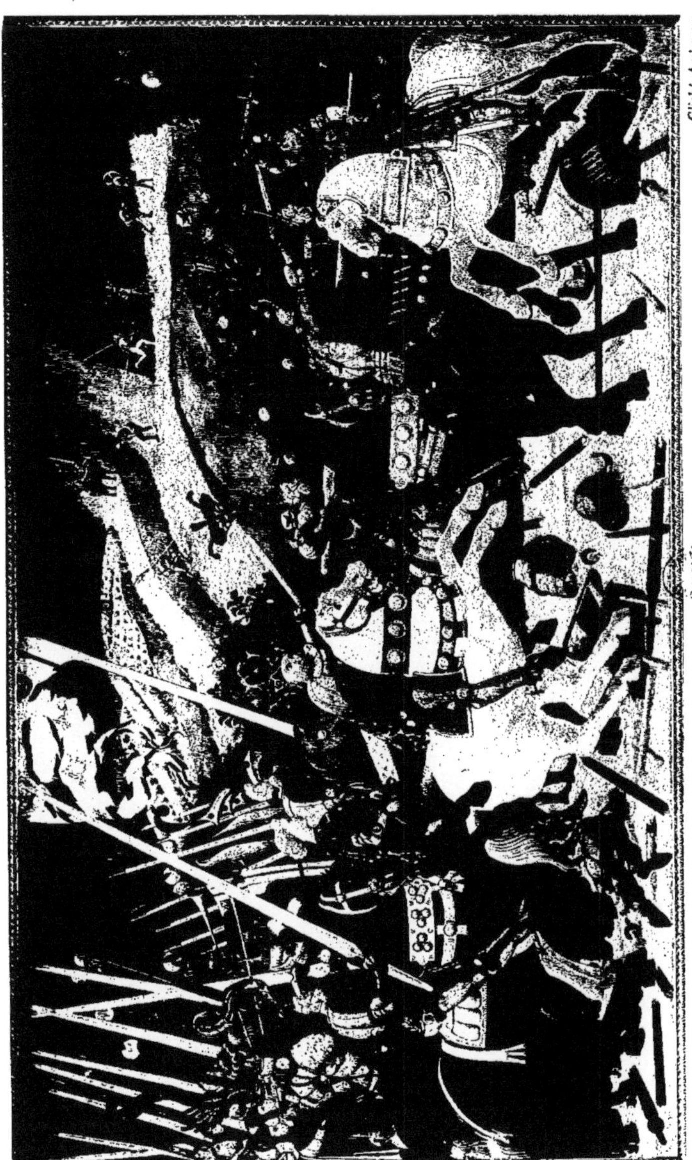

Cliché Anderson.

Paolo Uccello.
Bataille.
(National Gallery, Londres.)

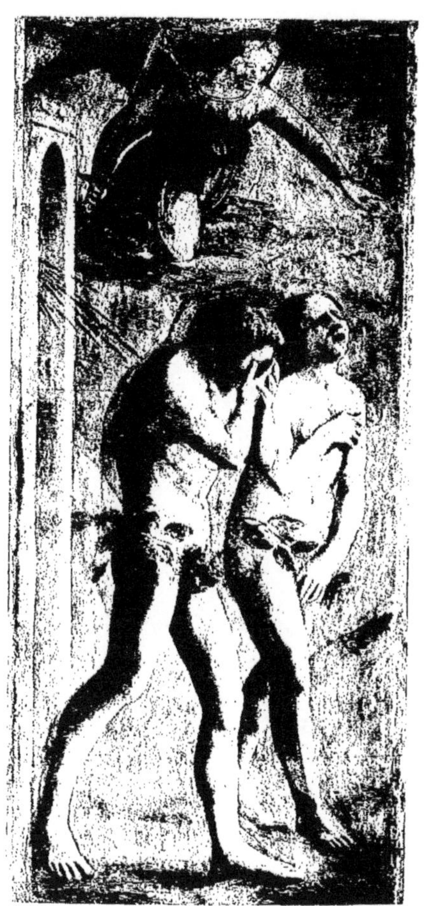

Cliché Brogi.

MASACCIO.
Adam et Ève chassés du Paradis,
fresque.
(Église Santa Maria del Carmine, Florence.)

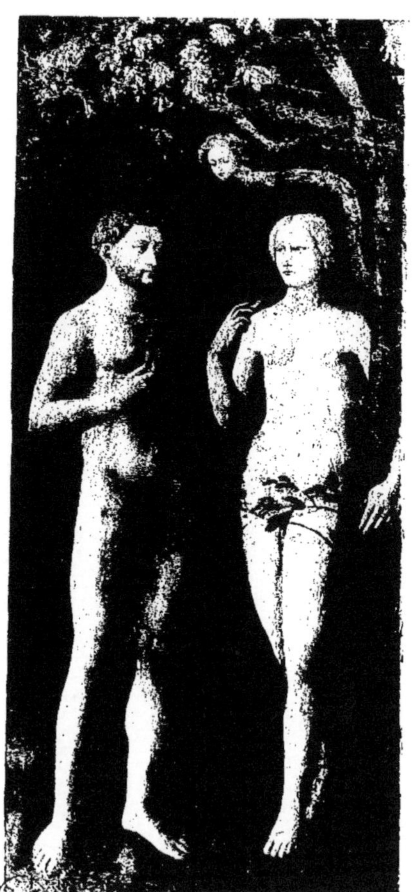

Cliché Brogi.

MASOLINO da Panicale.
Adam et Ève tentés par le serpent,
fresque.
(Église Santa Maria del Carmine, Florence.)

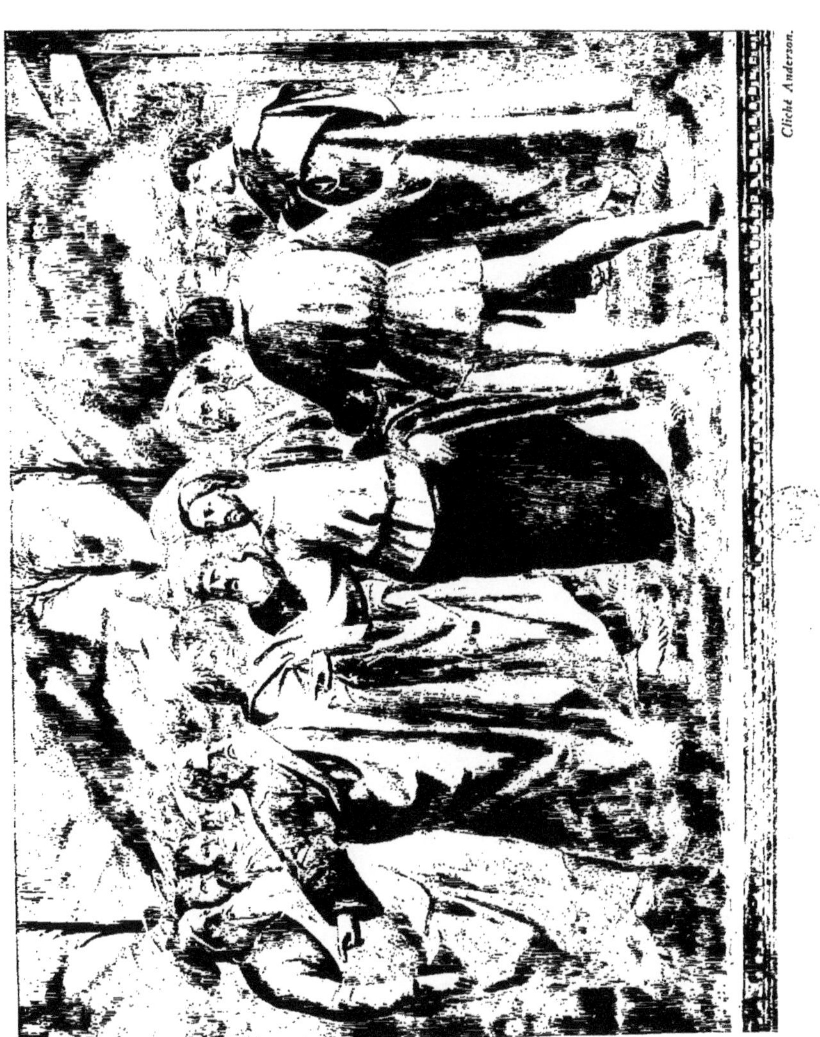

Masaccio.
Le Paiement du tribut,
fresque.
(Église Santa Maria del Carmine, Florence.)

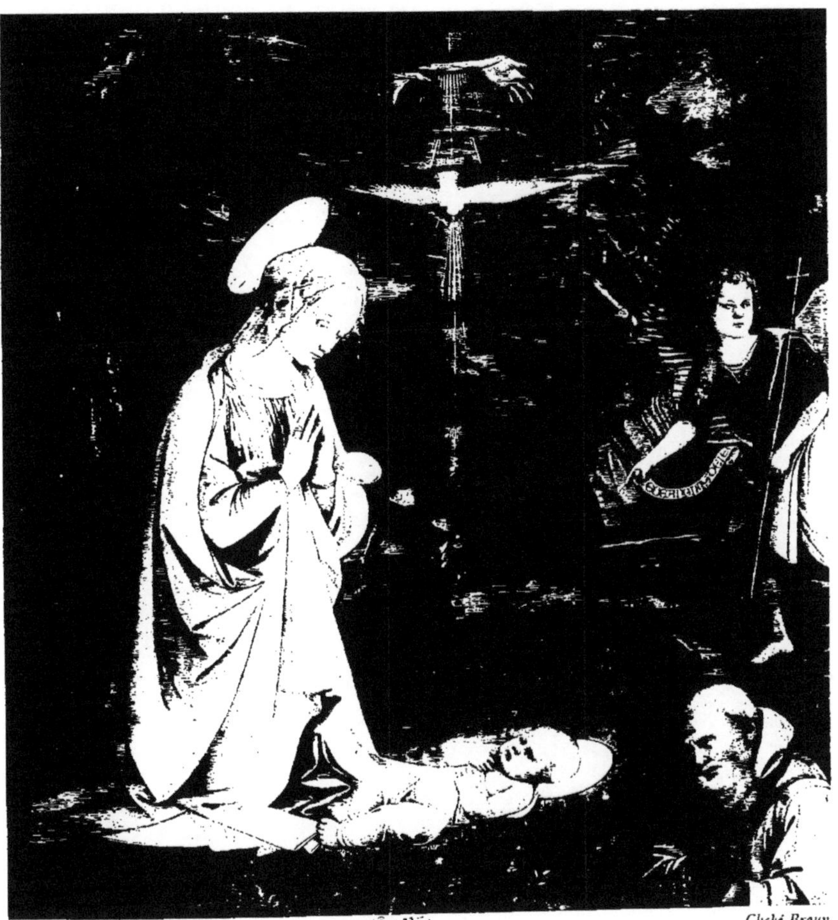

Fra Filippo Lippi.
La Madone adorant l'Enfant Jésus.
(Galerie des Offices, Florence.)

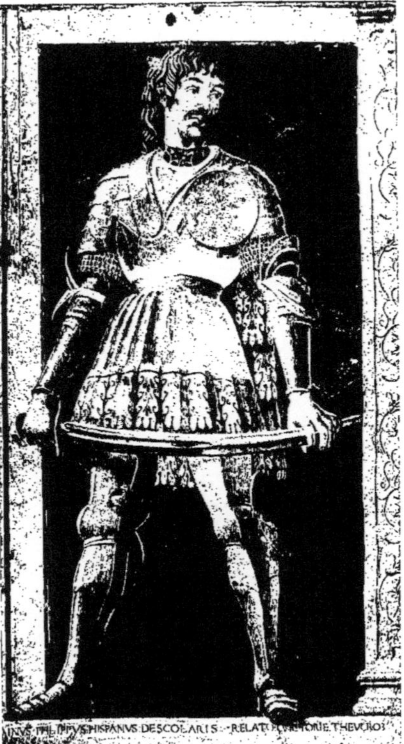

Cliché Alinari.

Fra Filippo Lippi.
La Danse de Salomé (détail du « Festin d'Hérode »),
fresque.
(Dôme de Prato.)

Cliché Alinari.

Andrea del Castagno.
Portrait de Filippo Scolari,
fresque.
(Réfectoire du couvent de Santa Apollonia, Florence.)

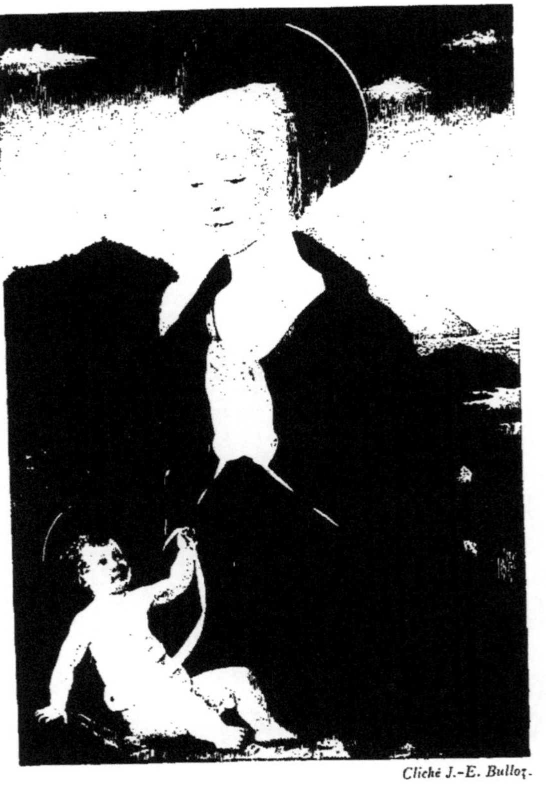

Alessio Baldovinetti.
La Madone adorant l'Enfant Jésus.
(Musée du Louvre, Paris.)

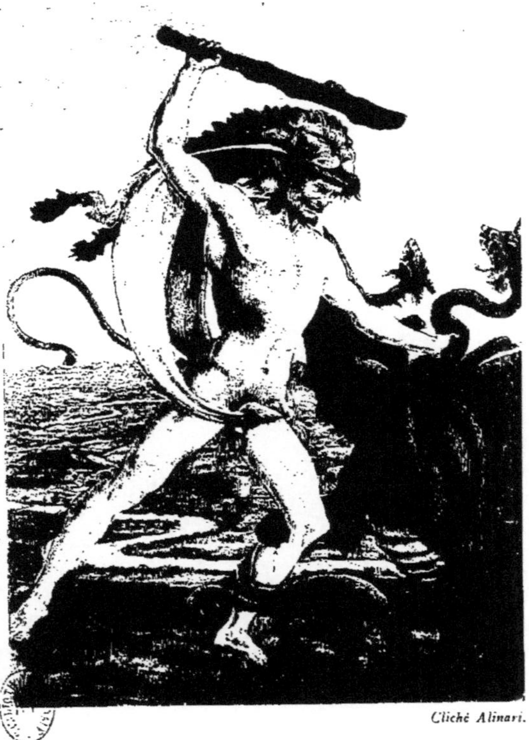

Antonio Pollaiuolo.
Hercule combattant l'hydre de Lerne.
(Galerie des Offices, Florence.)

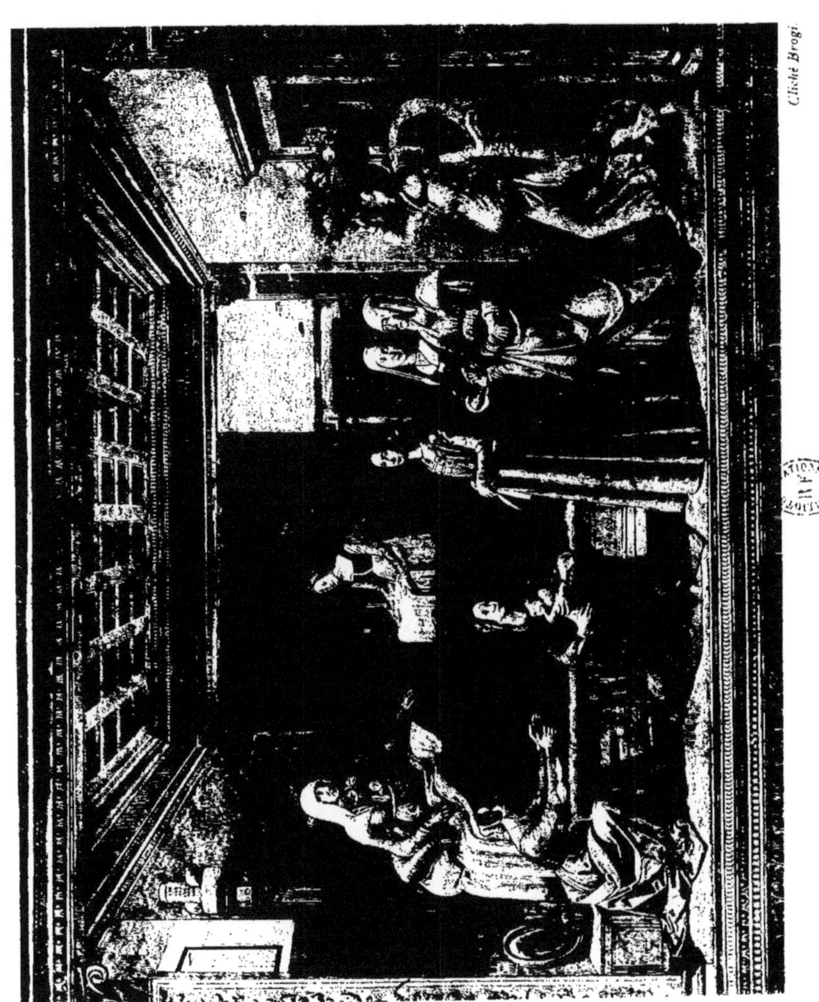

Domenico Ghirlandajo.
La Naissance de saint Jean-Baptiste,
fresque.
(Église Santa Maria Novella, Florence.)

Cliché Brogi.

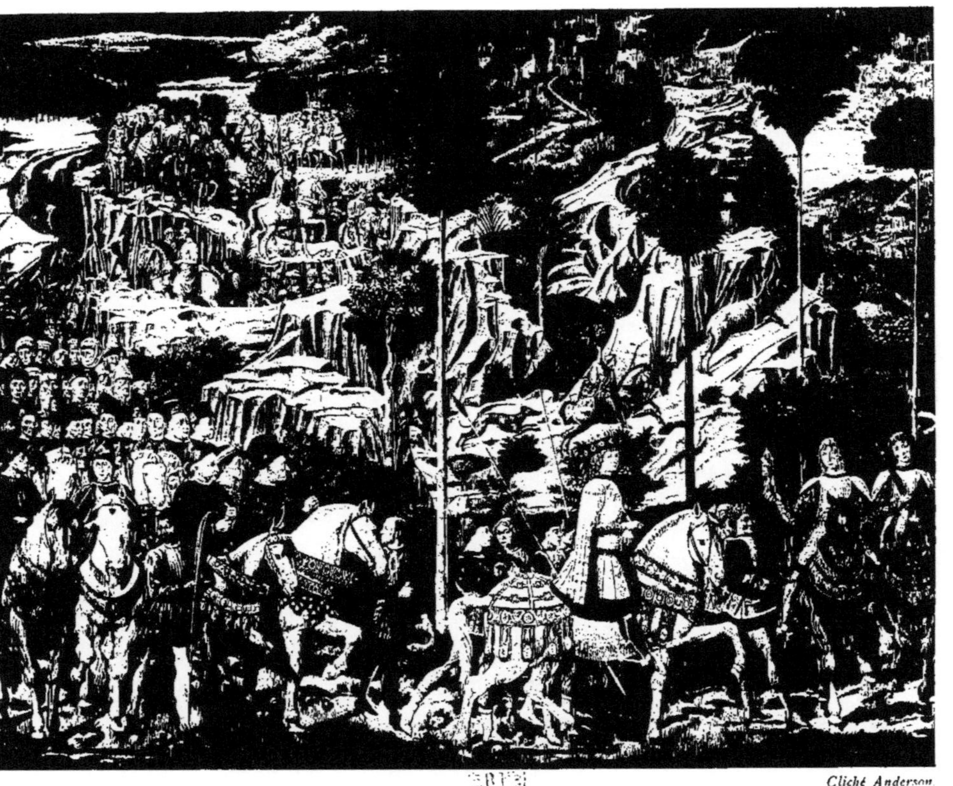

Cliché Anderson.

Benozo Gozzoli.
Le Cortège des Rois Mages,
fresque (partie centrale).
(Palais Riccardi, Florence.)

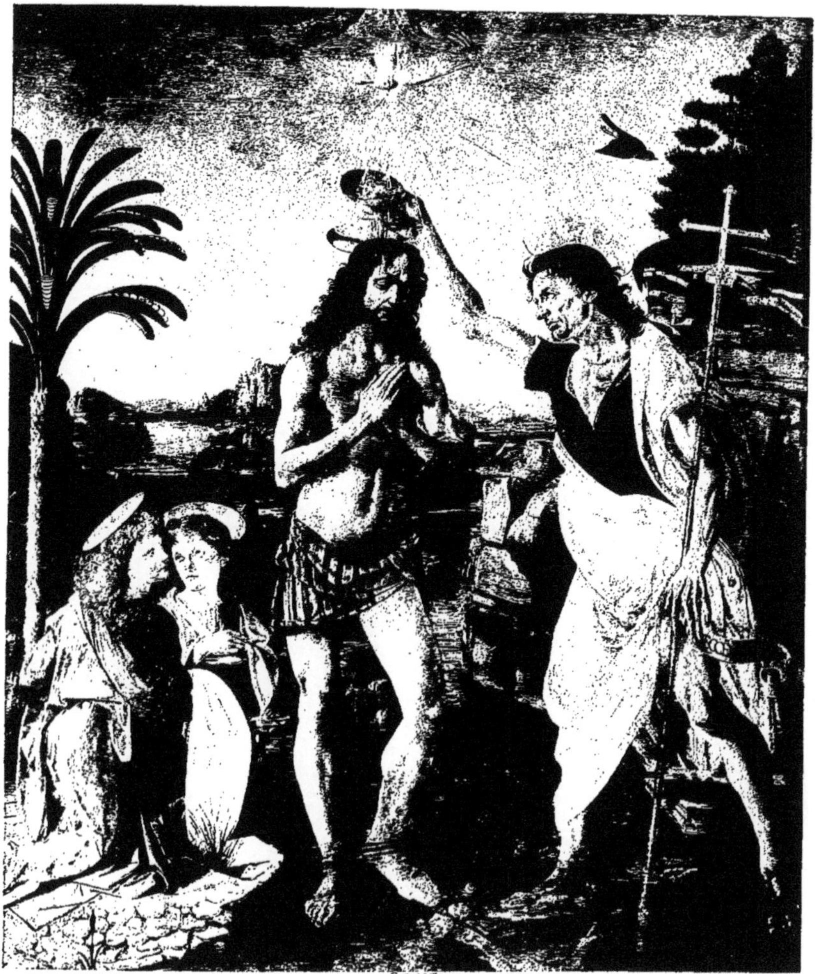

Andrea VERROCCHIO.
Le Baptême du Christ.
(Galerie des Offices, Florence.)

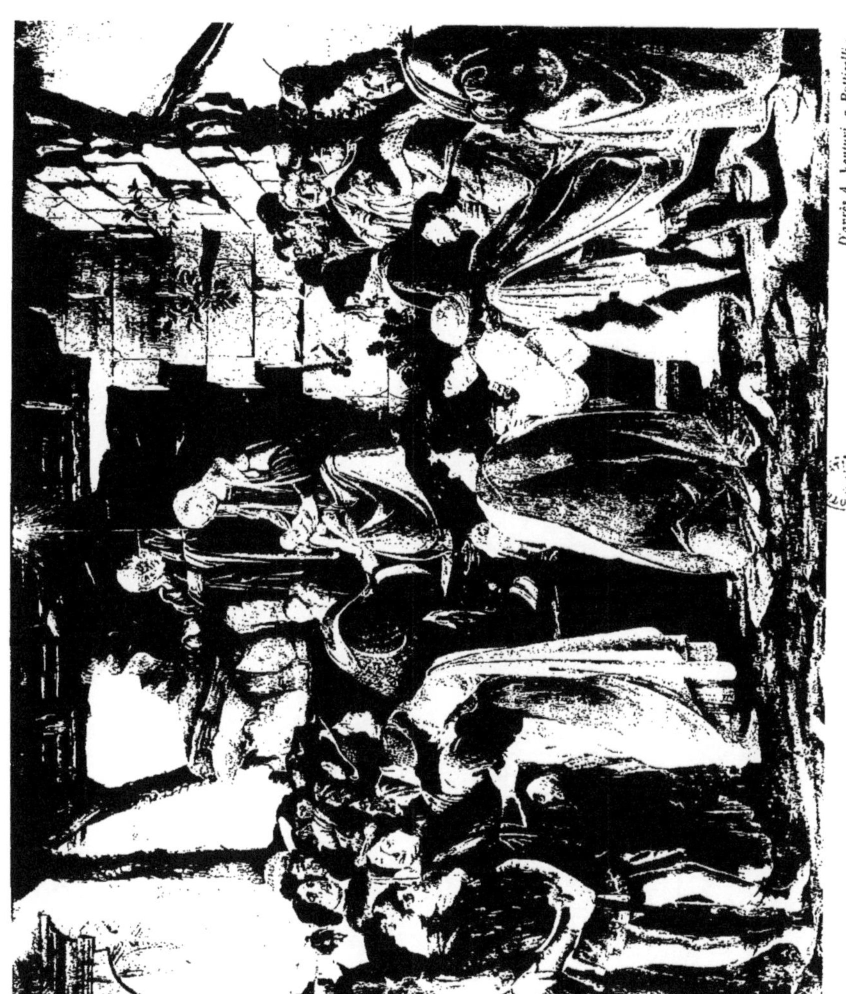

D'après A. Venturi, « Botticelli ».

Sandro BOTTICELLI.
L'Adoration des Mages.
(Galerie des Offices. Florence.)

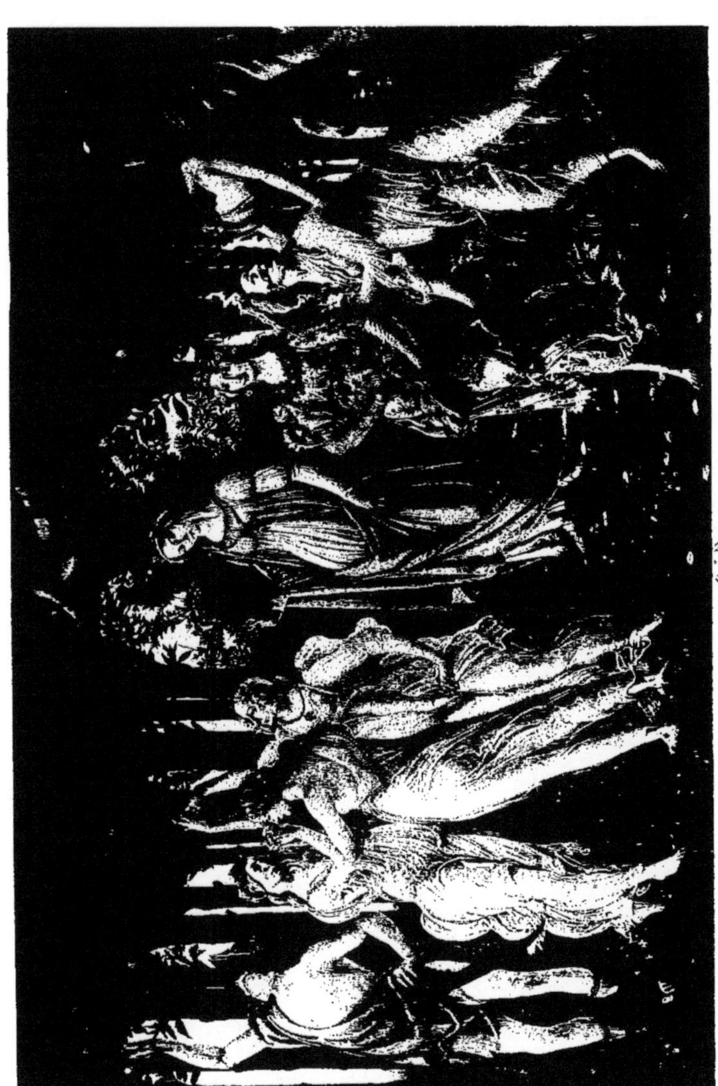

Cliché Anderson.

Sandro Botticelli.
Le Printemps.
(Galerie des Offices, Florence.)

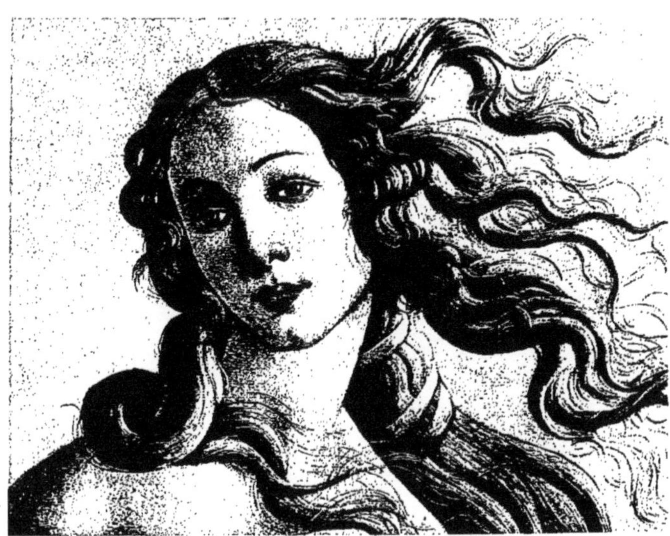

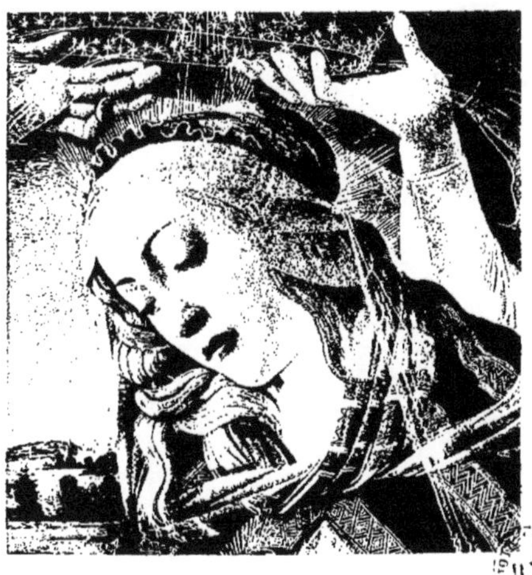

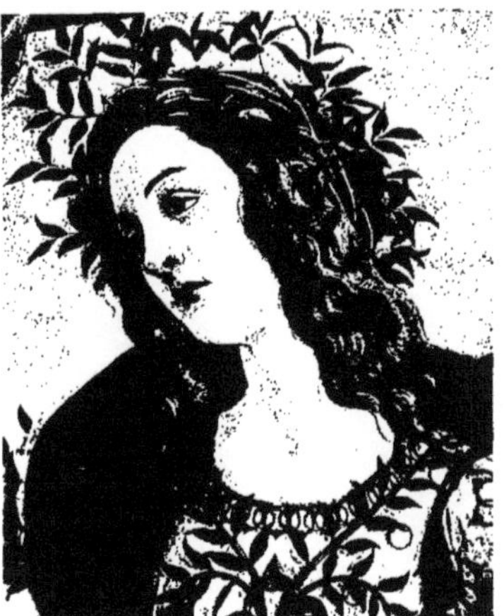

D'après A. Venturi, « Botticelli ».

Sandro BOTTICELLI.
Tête de Vénus dans « la Naissance de Vénus »,
Tête de la « Madone du Magnificat »; Tête de Pallas dans « Pallas domptant un centaure ».
(Galerie des Offices, Florence.)

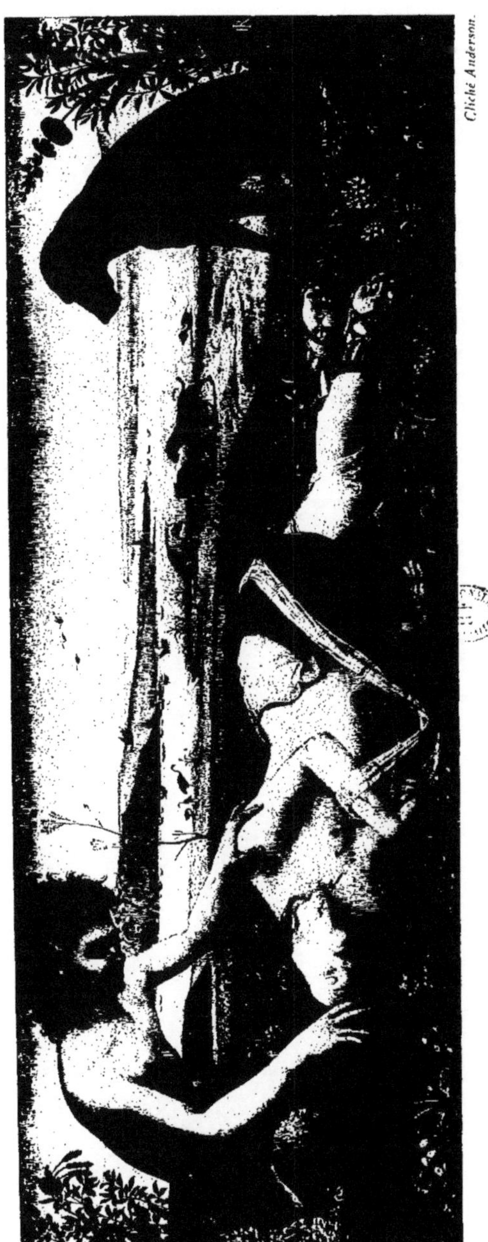

Cliché Anderson.

Piero di Cosimo.
La Mort de Procris.
(National Gallery, Londres.)

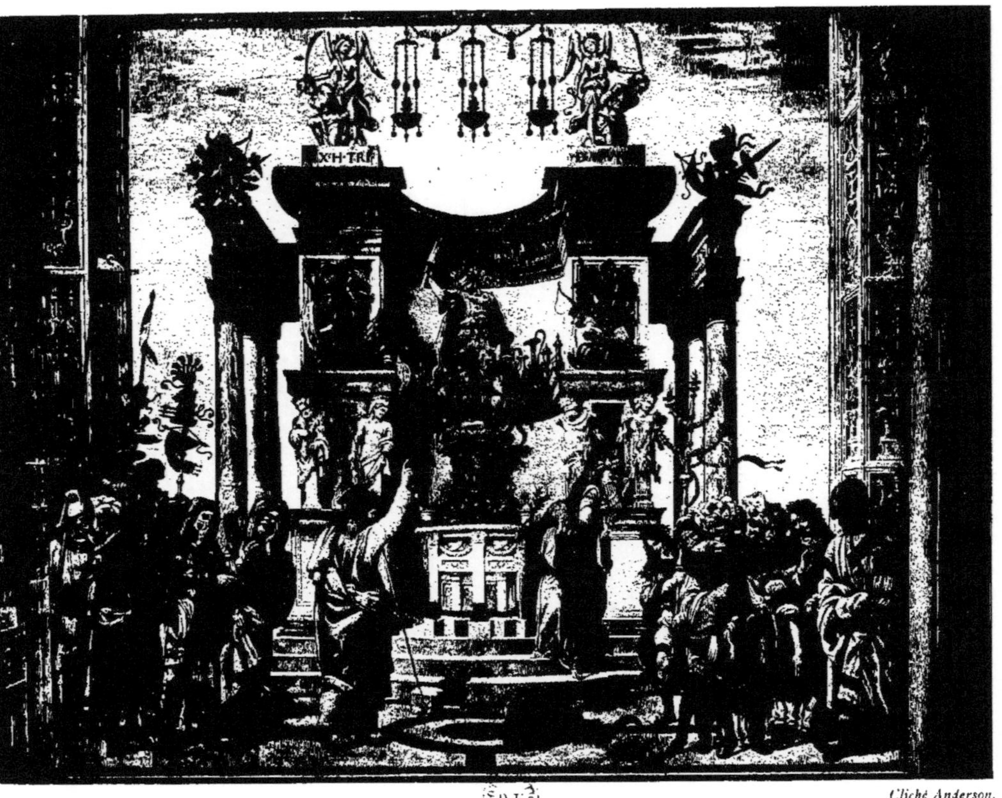

Cliché Anderson.

Filippino Lippi.
Saint Philippe de Néri chassant un dragon,
fresque.
(Église Santa Maria Novella, Florence.)

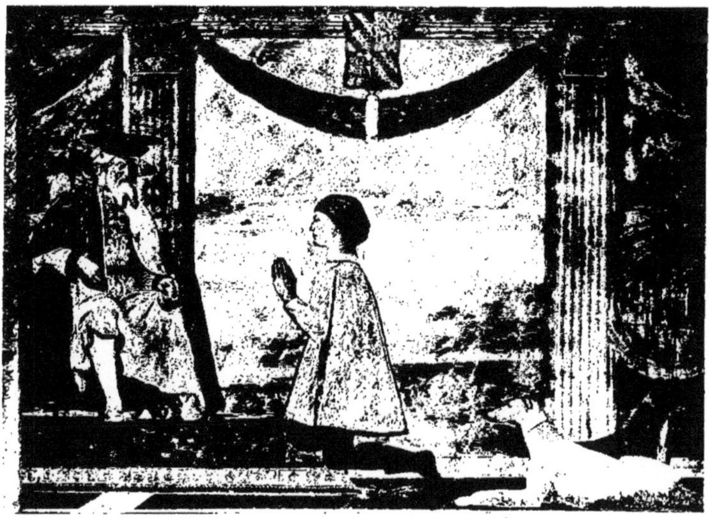

D'après R. Longhi, « Piero della Francesca ».

Piero della FRANCESCA.
Pandolfo Malatesta agenouillé devant saint Sigismond,
fresque.
(Temple Malatesta, Rimini.)

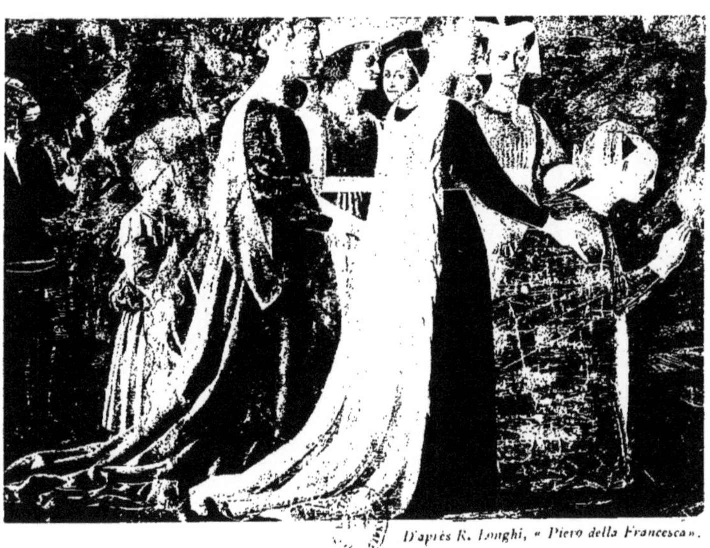

D'après R. Longhi, « Piero della Francesca ».

Piero della FRANCESCA.
La Reine de Saba et sa suite,
(détail de la « Légende de la Sainte-Croix »), fresque.
(Église San Francesco, Arezzo.)

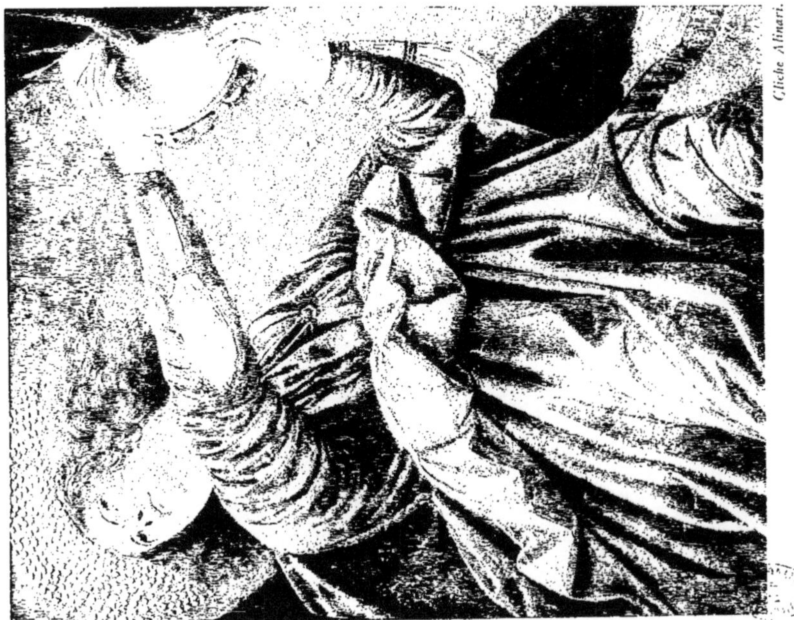

Cliché Alinari.

MELOZZO da Forli.
Ange musicien.
(Pinacothèque Vaticane, Rome.)

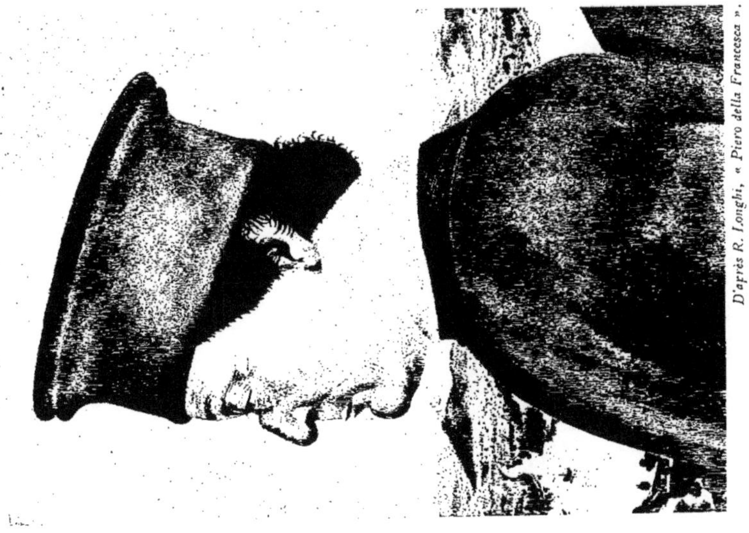

D'après R. Longhi, « Piero della Francesca ».

Piero della FRANCESCA.
Portrait du duc Frédéric d'Urbin.
(Galerie des Offices, Florence.)

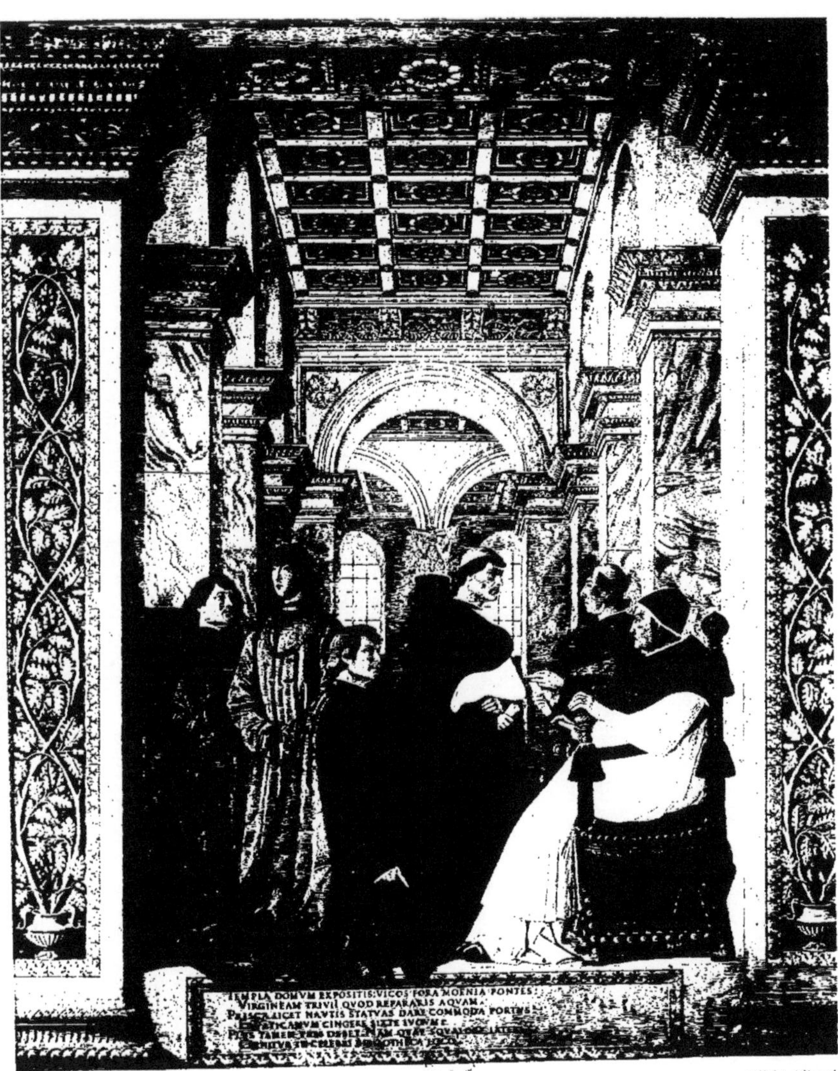

Cliché Alinari.

Melozzo da Forli.
Le Pape Sixte IV conférant à l'historien Platina
la charge de préfet de la Bibliothèque Vaticane.
(Pinacothèque Vaticane, Rome)

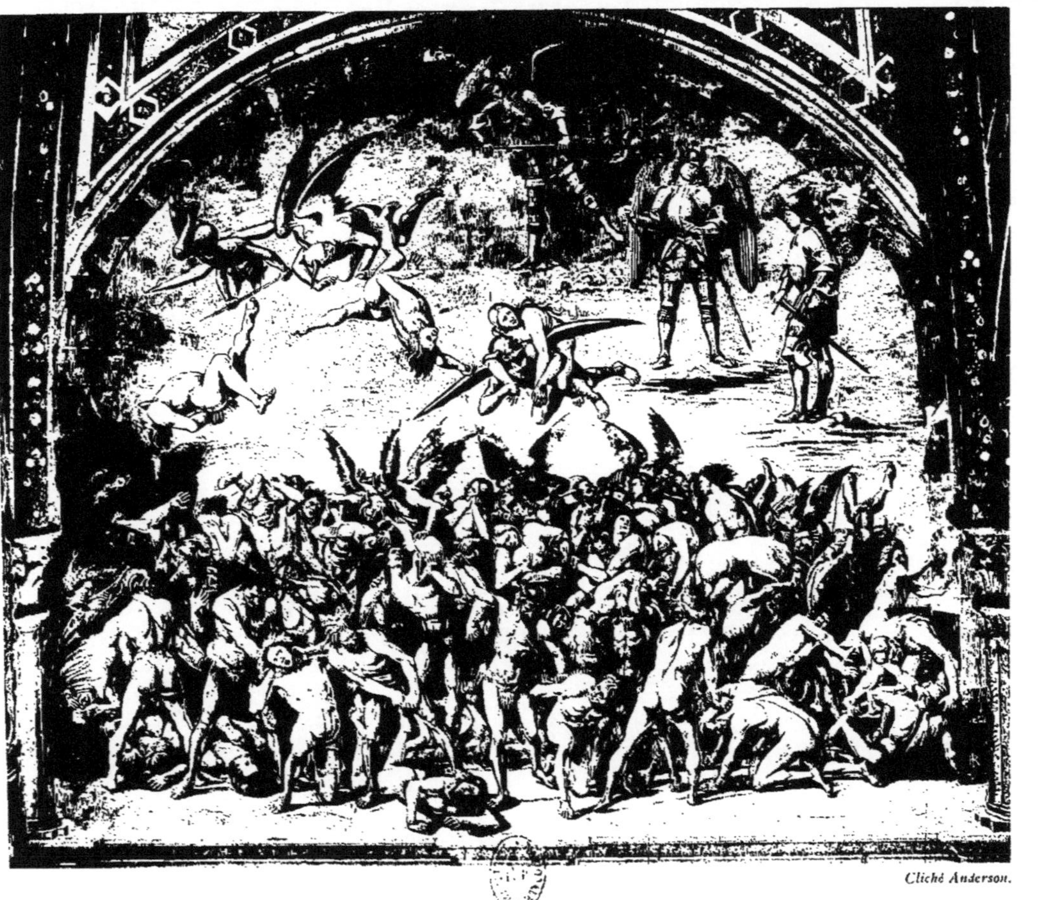

Cliché Anderson.

Luca Signorelli.
La Chute des damnés.
fresque.
(Dôme d'Orvieto.)

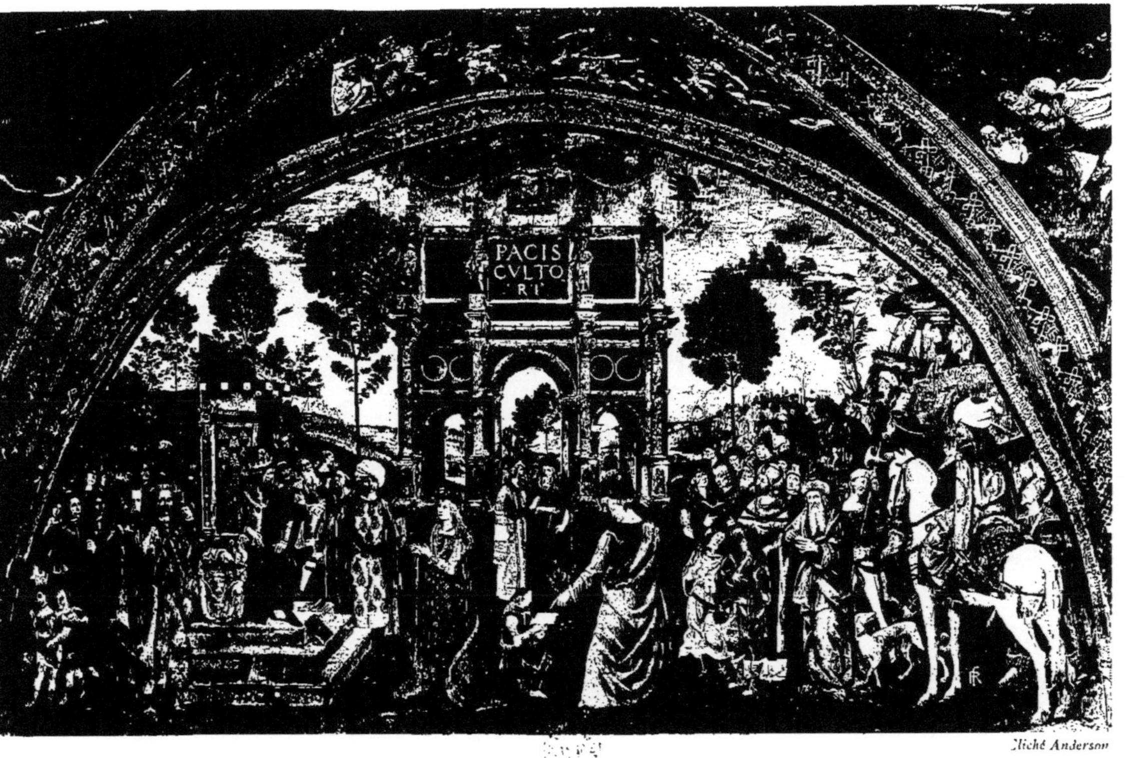

Cliché Anderson

PINTURICCHIO.
Sainte Catherine d'Alexandrie disputant avec les docteurs devant l'empereur Maximin,
fresque.
(Appartements Borgia, Vatican.)

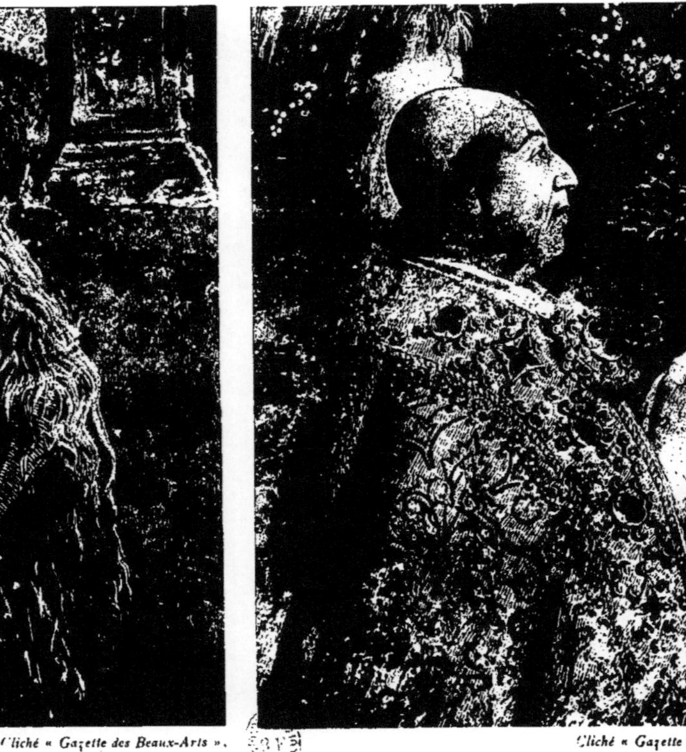

PINTURICCHIO.
Sainte Catherine d'Alexandrie,
(détail de la « Dispute de sainte Catherine »),
fresque.
(Appartements Borgia, Vatican.)

PINTURICCHIO.
Le pape Alexandre VI Borgia,
(détail de la « Résurrection du Christ »),
fresque.
(Appartements Borgia, Vatican.)

Pl. XXXVI.

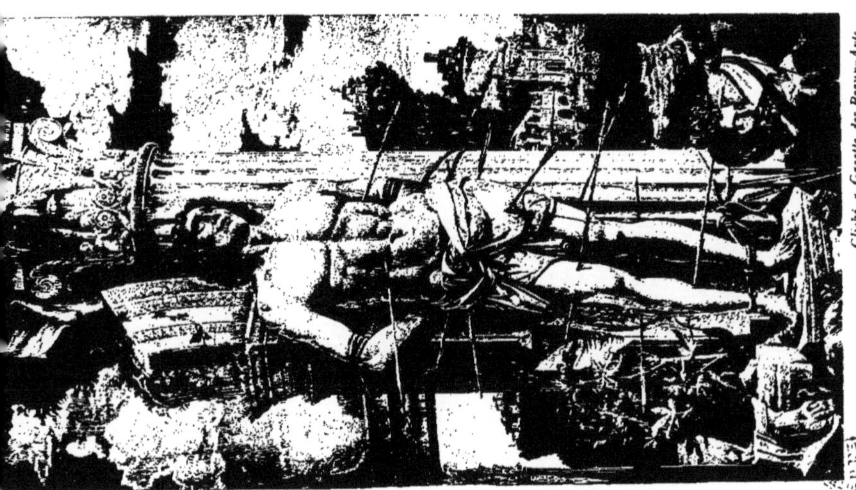

Cliché « Gazette des Beaux-Arts ».

Andrea Mantegna.
Saint Sébastien.
(Musée du Louvre, Paris.)

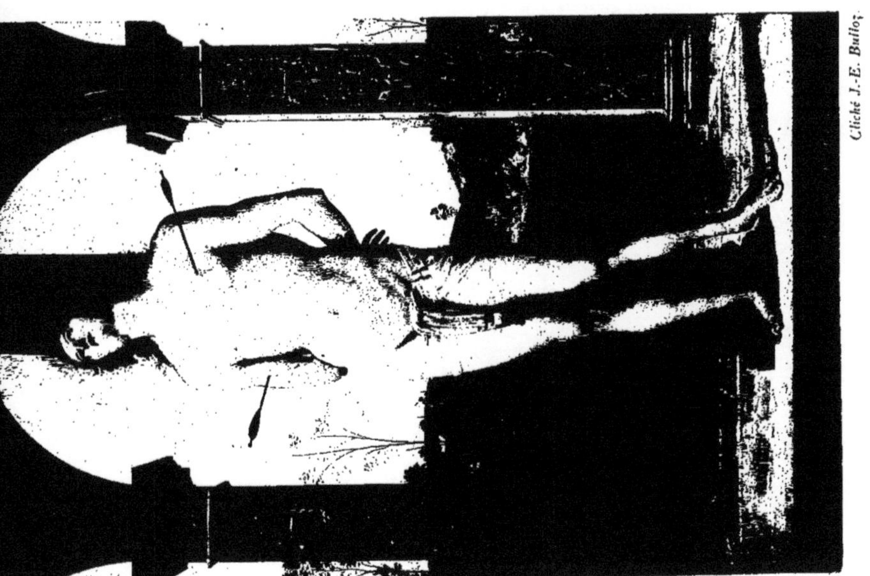

Cliché J.-E. Bulloz.

Le Pérugin.
Saint Sébastien.
Musée du Louvre, Paris.

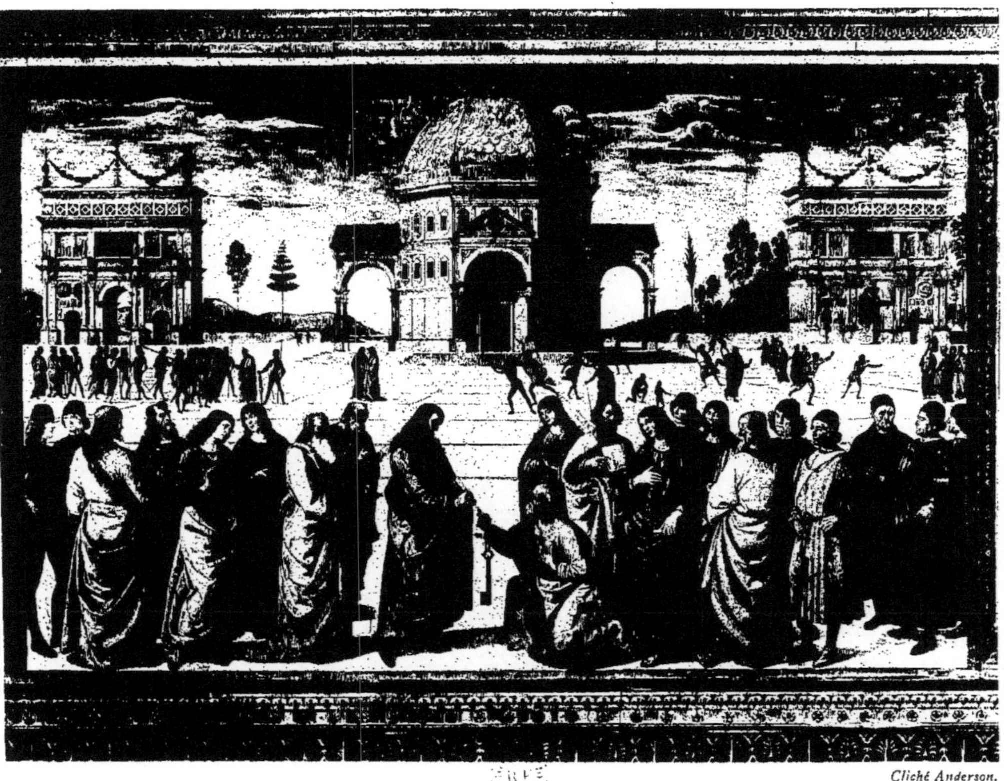

Cliché Anderson.

Le Pérugin.
La Remise des clefs à saint Pierre,
fresque.
(Chapelle Sixtine, Vatican.)

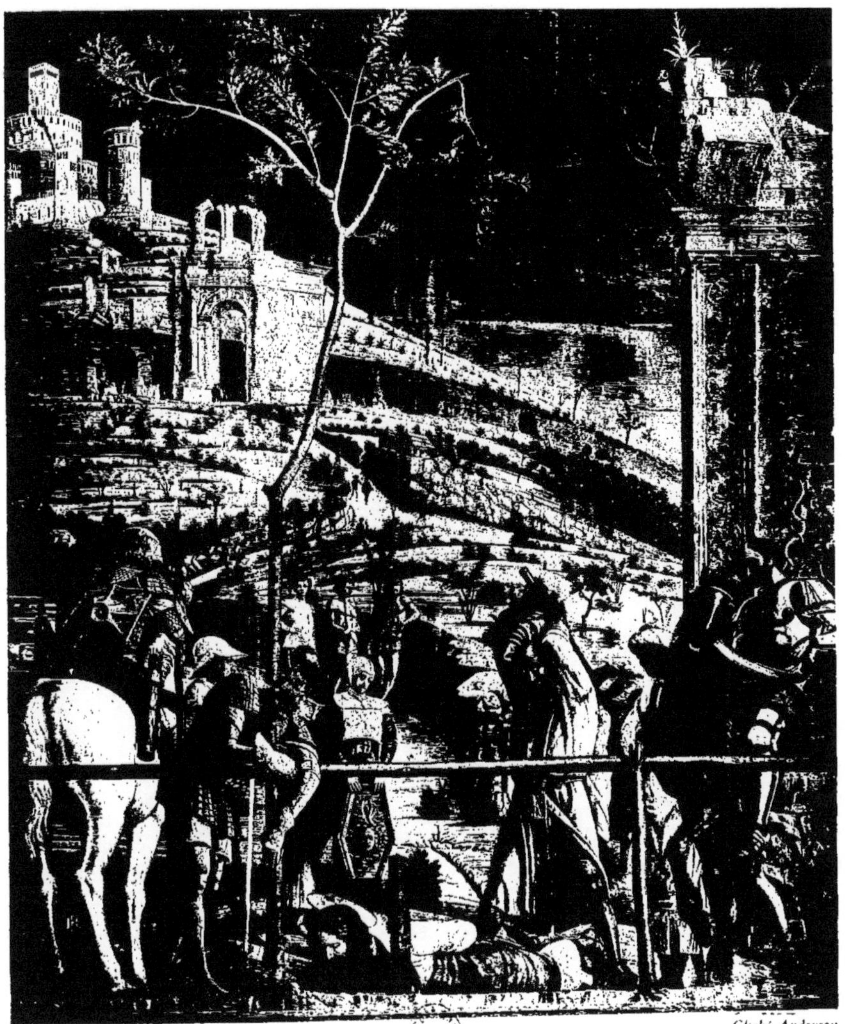

Andrea MANTEGNA.
Le Martyre de saint Jacques le Majeur,
fresque.
(Église des Eremitani, Padoue.)

Cliché Anderson

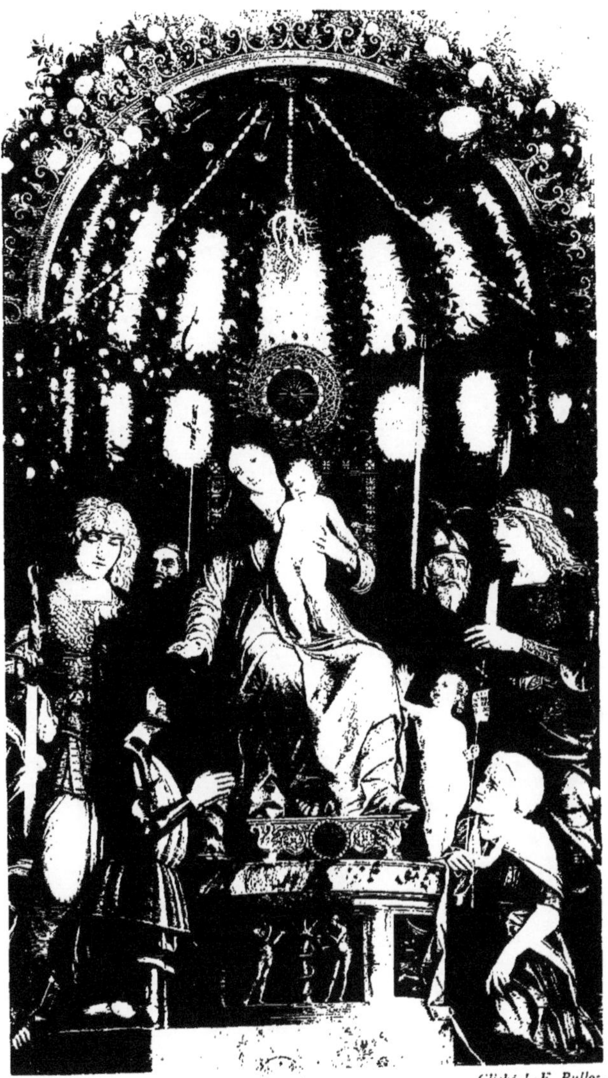

Andrea MANTEGNA.
La Madone de la Victoire, vénérée par le duc François de Gonzague.
(Musée du Louvre, Paris.)

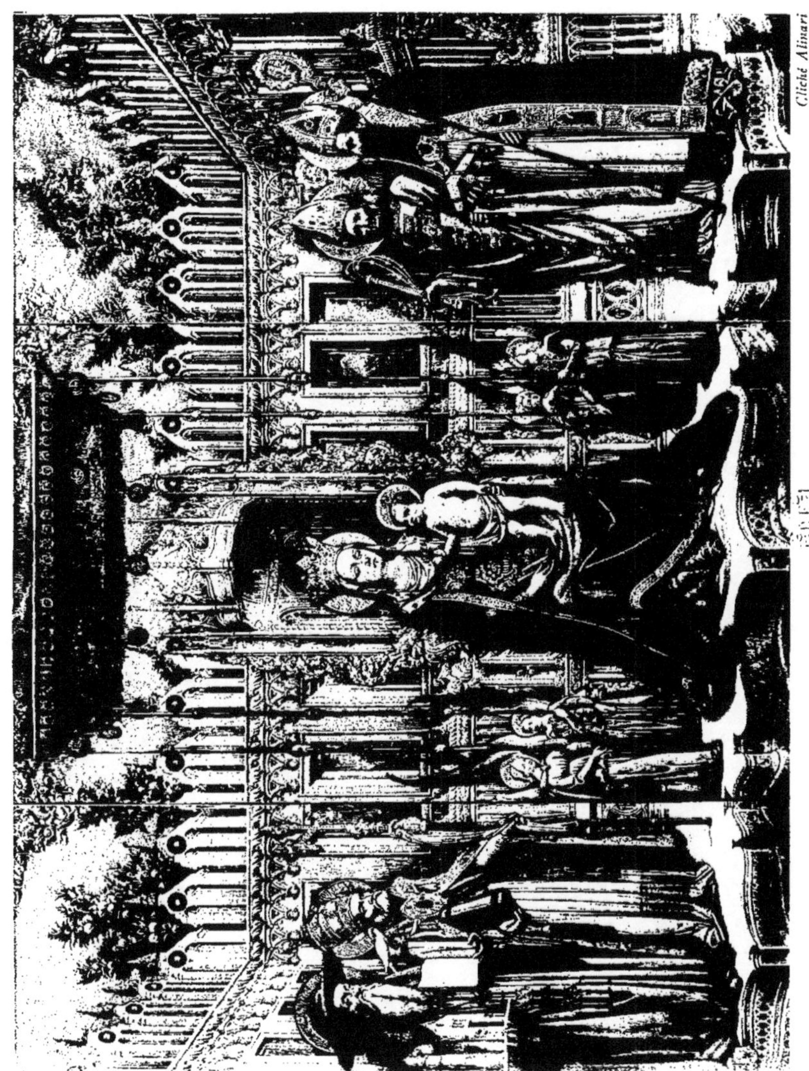

Antonio Vivarini et Jean d'Allemagne.
La Madone avec l'Enfant entre des anges et quatre saints.
(Académie des Beaux-Arts, Venise.)

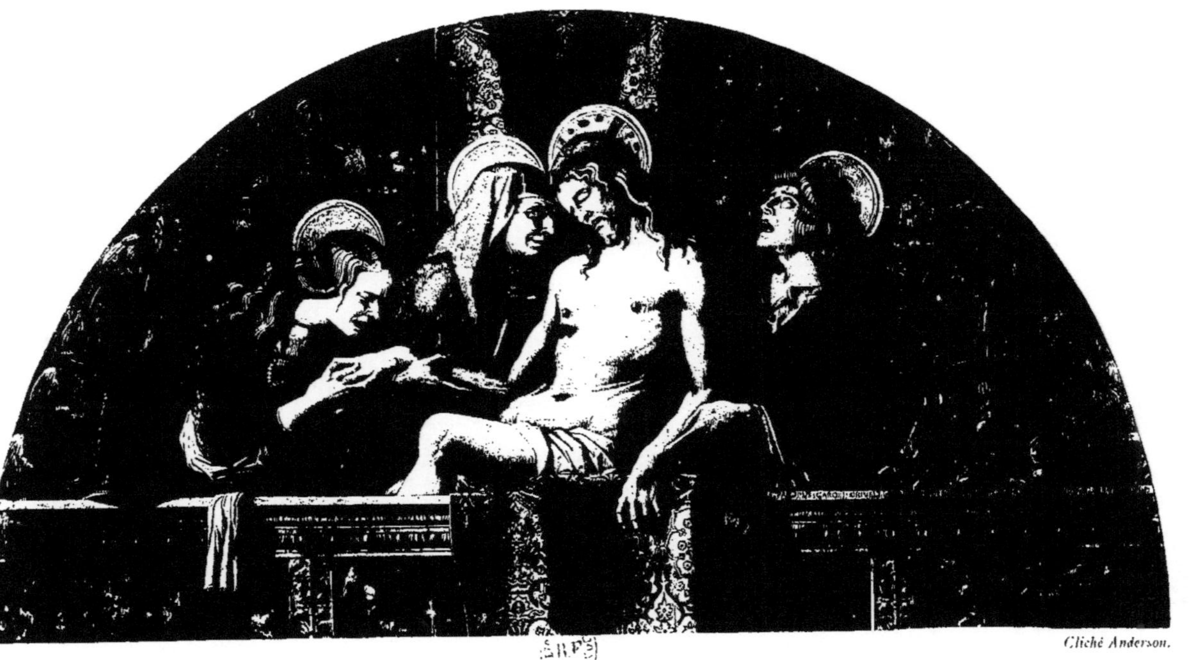

Cliché Anderson.

Carlo CRIVELLI.
Le Christ mort soutenu par la Vierge, sainte Madeleine et saint Jean.
(Pinacothèque Vaticane, Rome.)

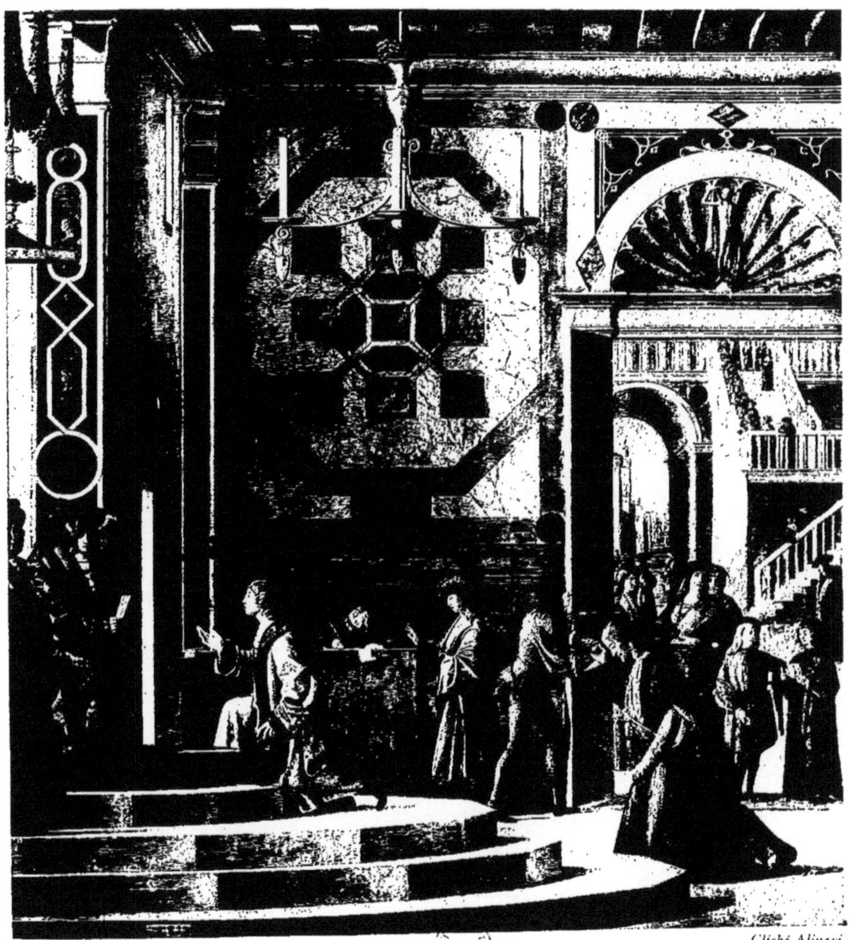

Vittore CARPACCIO.
Légende de sainte Ursule : la réponse du roi Maurus aux ambassadeurs anglais.
(Académie des Beaux-Arts, Venise.)

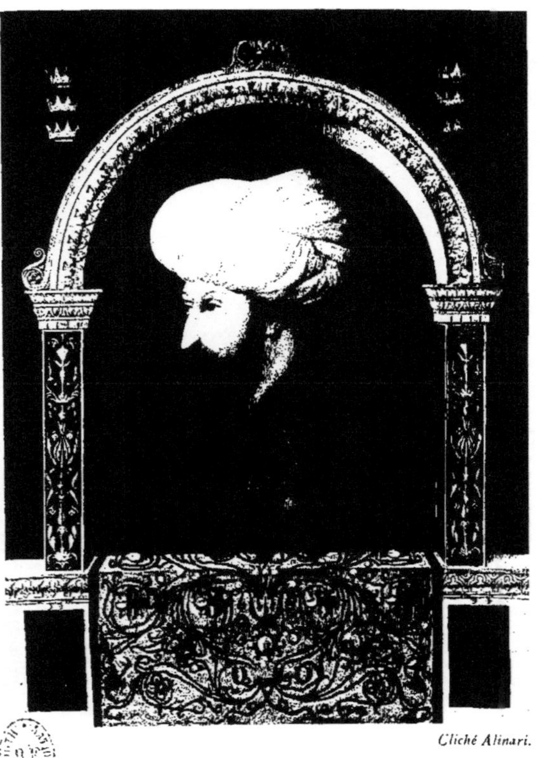

Cliché J.-E. Bulloz.

Cliché Alinari.

Antonello de Messine.
Portrait d'un condottiere.
(Musée du Louvre, Paris.)

Gentile Bellini.
Portrait de Mahomet II
(National Gallery, Londres.)

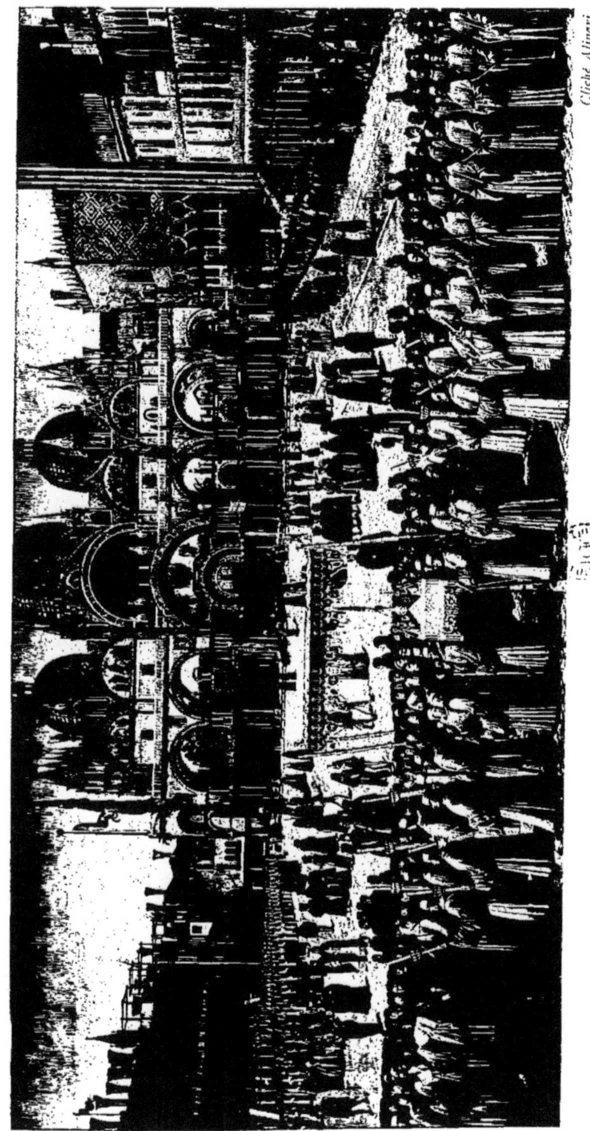

Cliché Alinari.

Gentile BELLINI.
Procession place Saint-Marc, à Venise.
(Académie des Beaux-Arts, Venise.)

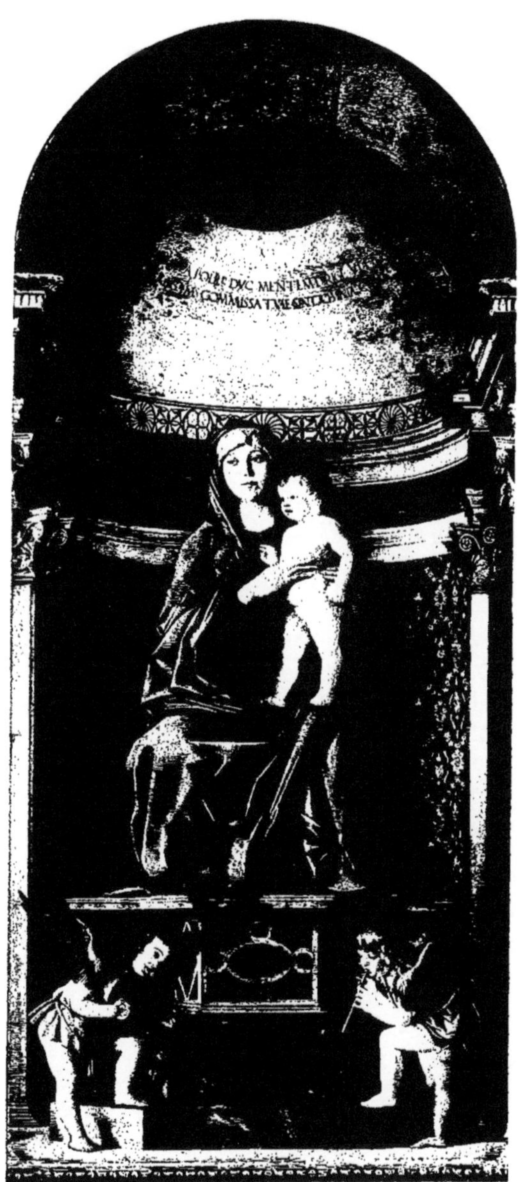

Cliché Alinari.

Giovanni BELLINI.
La Madone avec l'Enfant Jésus entre des saints,
triptyque (partie centrale).
(Église Santa Maria dei Frari, Venise.)

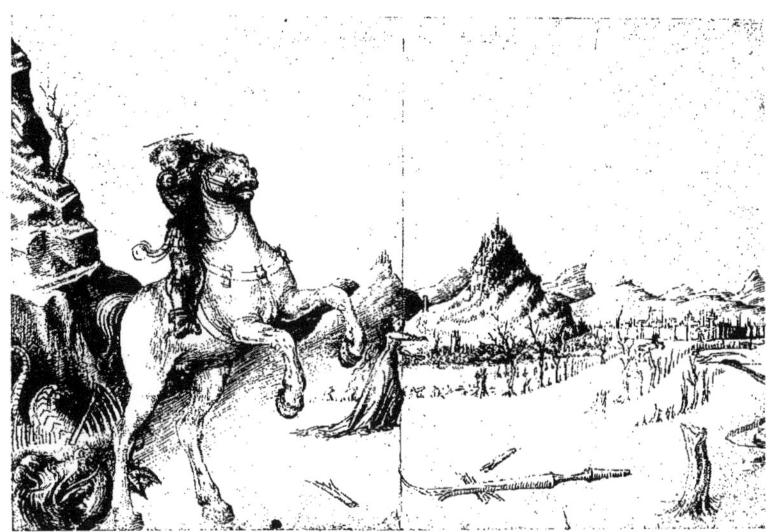

D'après « Les dessins de Jacopo Bellini ».

Jacopo BELLINI.
Saint Georges combattant le dragon,
dessin.
(Musée du Louvre, Paris.)

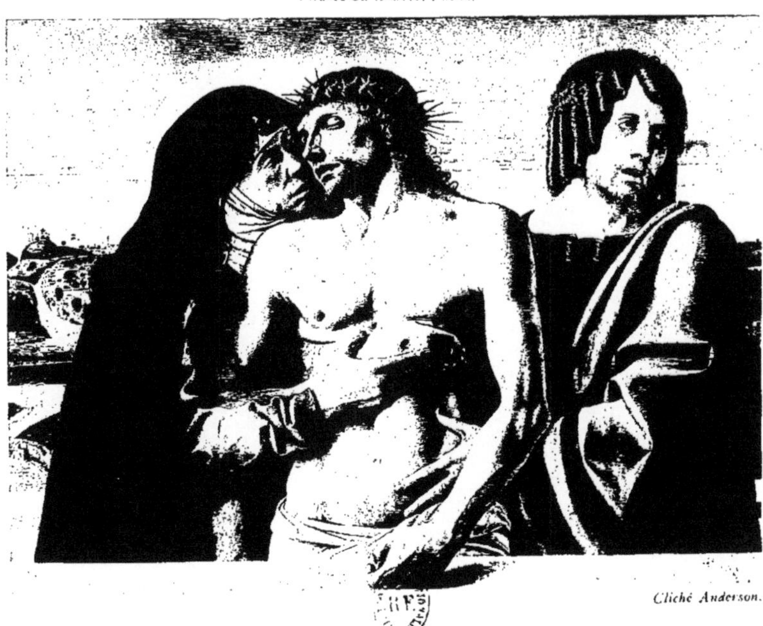

Cliché Anderson.

Giovanni BELLINI.
Pietà
(Musée Brera, Milan.)

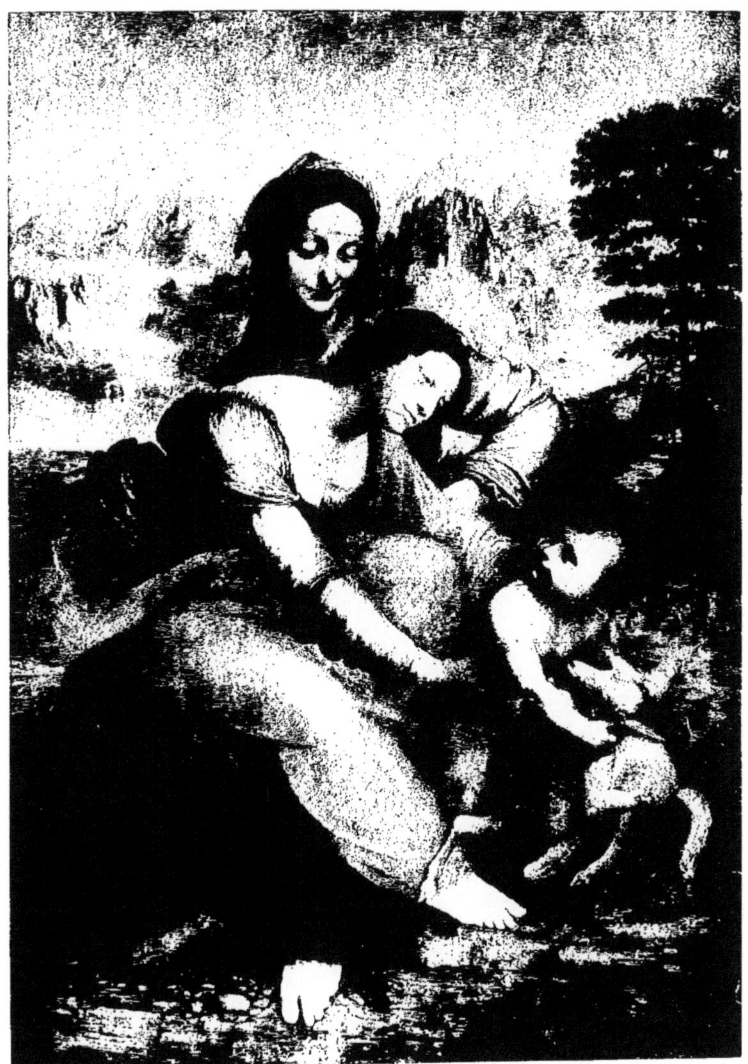

D'après O. Sirén, « Léonard de Vinci ».

Léonard de Vinci.
Sainte Anne, la Vierge et l'Enfant Jésus.
(Musée du Louvre, Paris.)

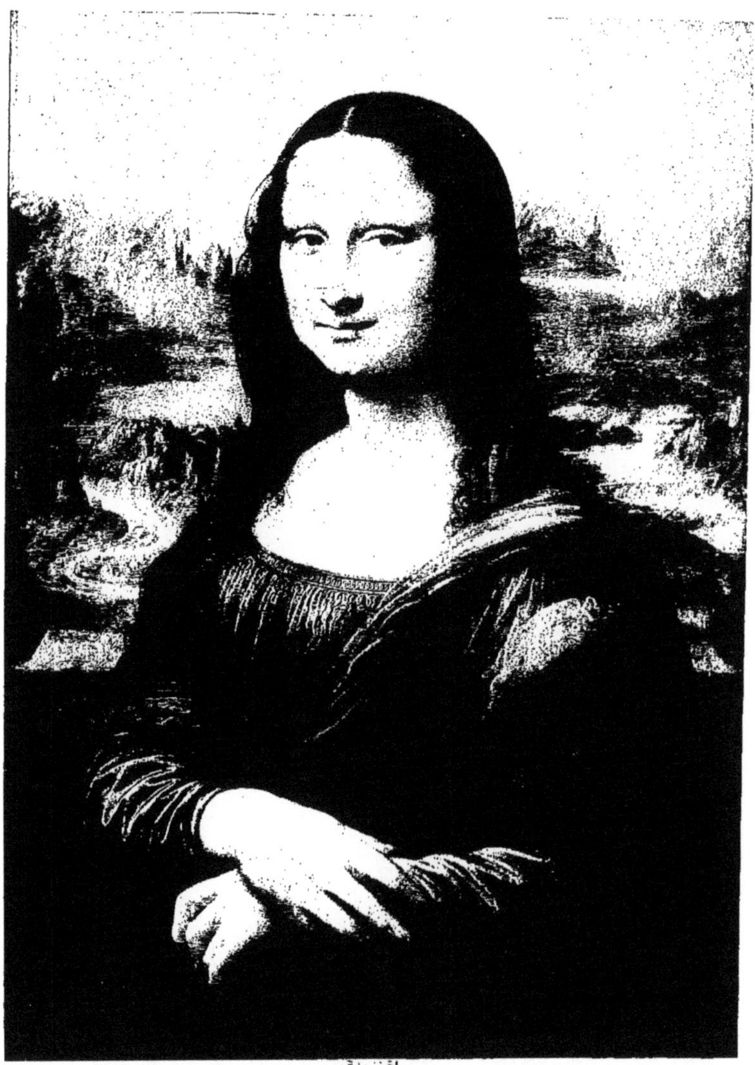

D'après O. Sirén, « Léonard de Vinci ».

LÉONARD de VINCI.
Portrait de Monna Lisa del Giocondo
(« La Joconde »).
(Musée du Louvre, Paris.)

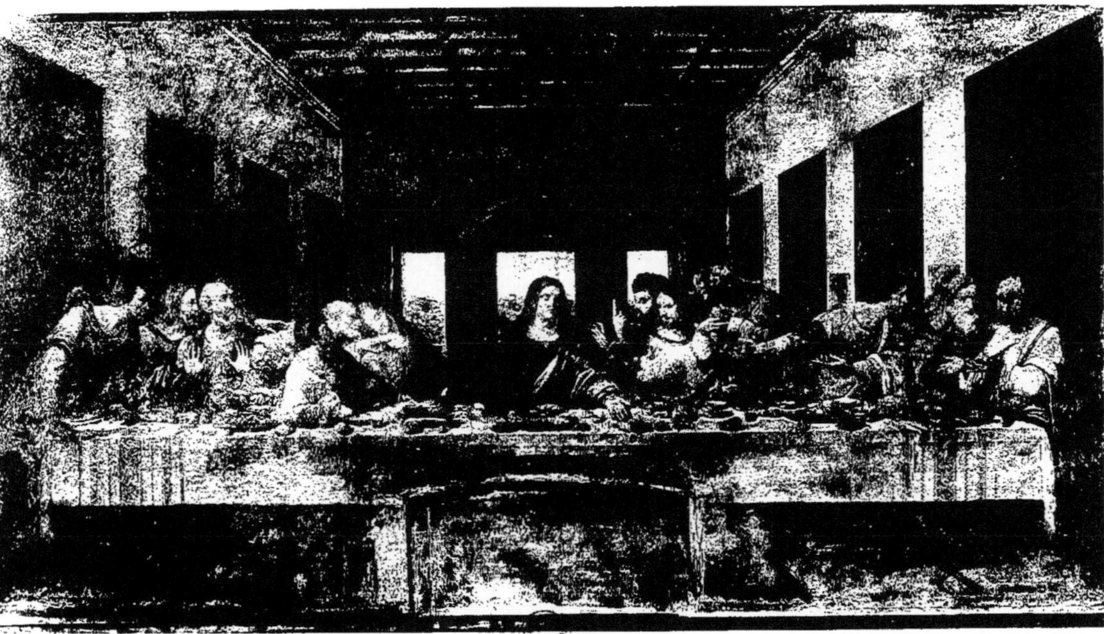

D'après O. Sirén, « Léonard de Vinci ».

Léonard de Vinci.
La Cène,
fresque.
(Réfectoire du couvent de Sainte-Marie-des-Grâces, Milan.)

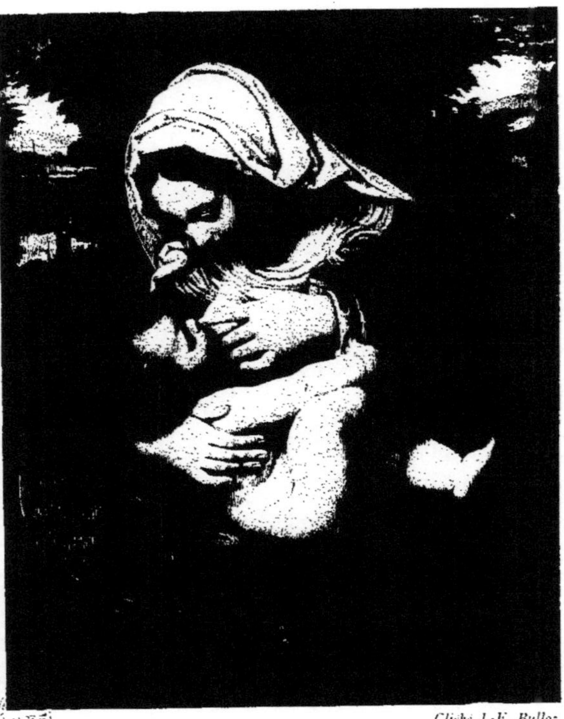

Cliché J.-E. Bulloz.

Bernardine LUINI.
Salomé tenant la tête de saint Jean-Baptiste.
(Musée du Louvre, Paris.)

Andrea SOLARIO.
La Madone allaitant l'Enfant Jésus
(« La Vierge au coussin vert »).
(Musée du Louvre, Paris.)

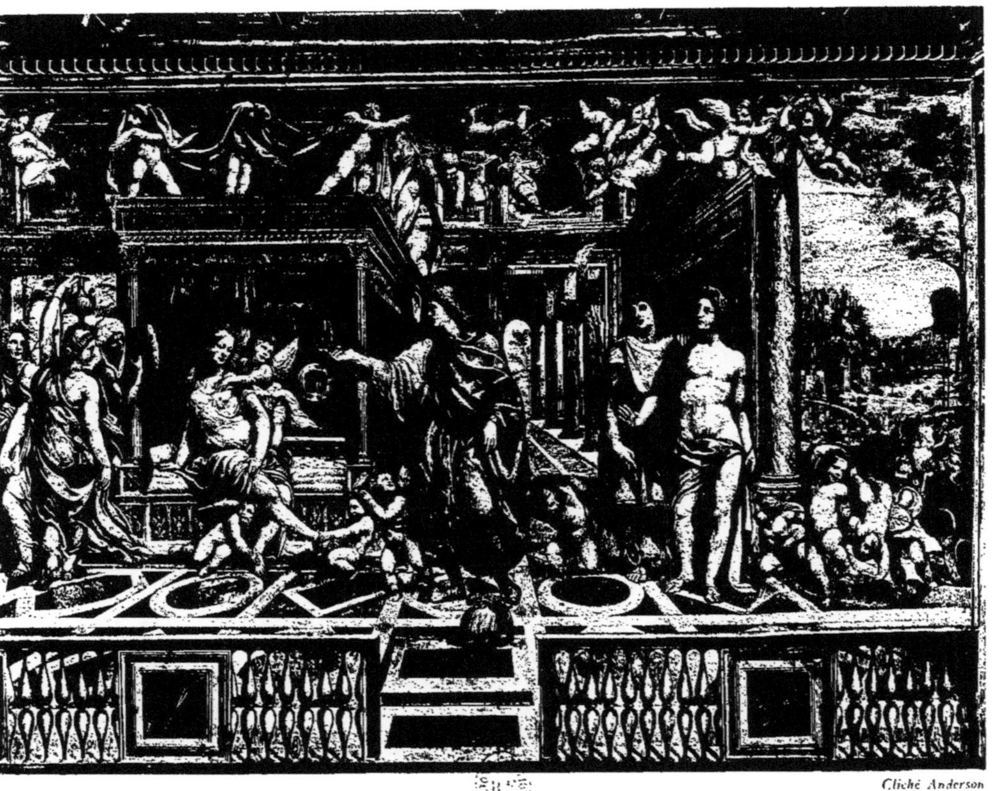

Le SODOMA.
Les Noces d'Alexandre et de Roxane,
fresque.
(Farnésine, Rome.)

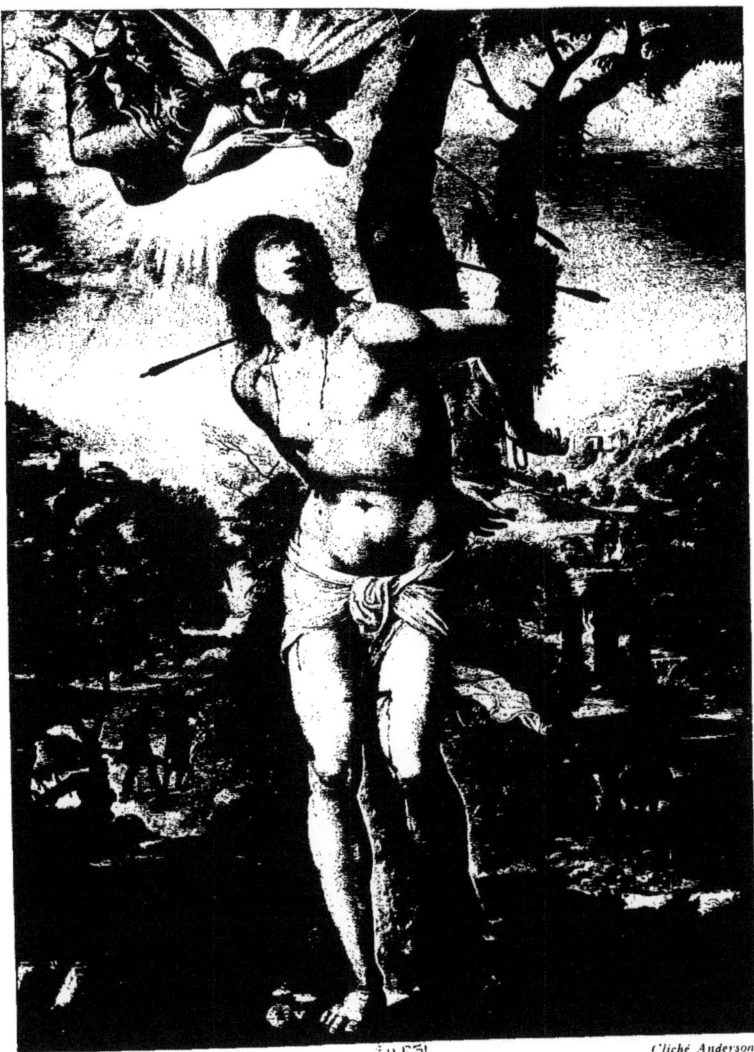

Le Sodoma.
Saint Sébastien.
(Galerie des Offices, Florence.)

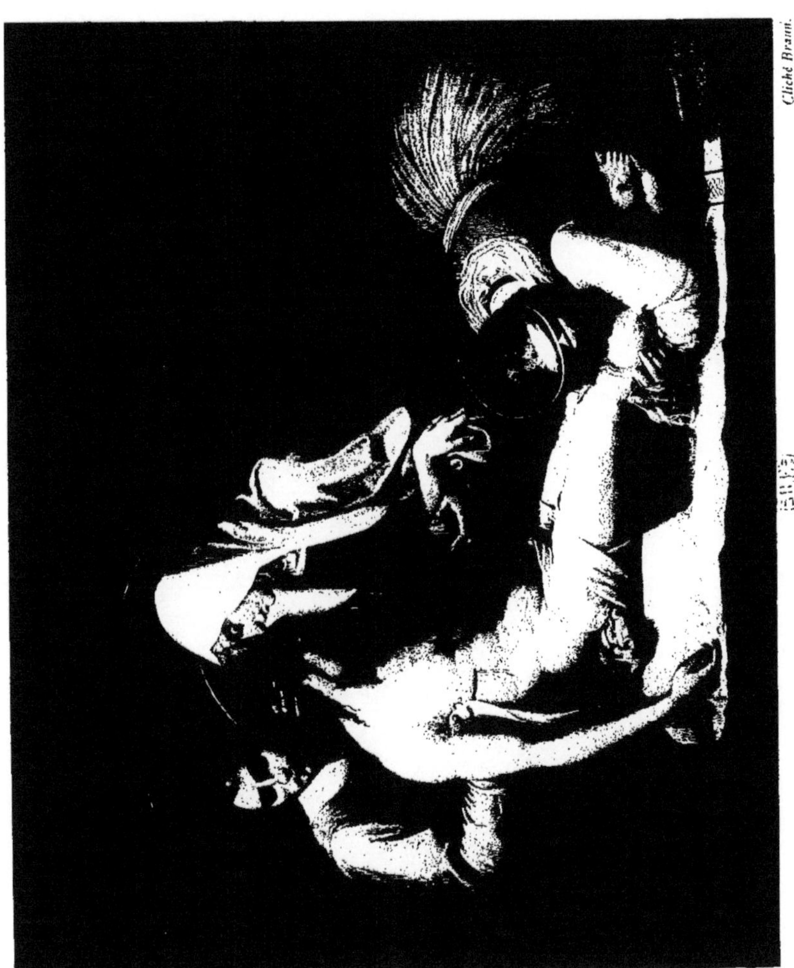

Cliché Braun.

Fra Bartolommeo
Le Christ déposé de la croix.
(Galerie du Palais Pitti, Florence.)

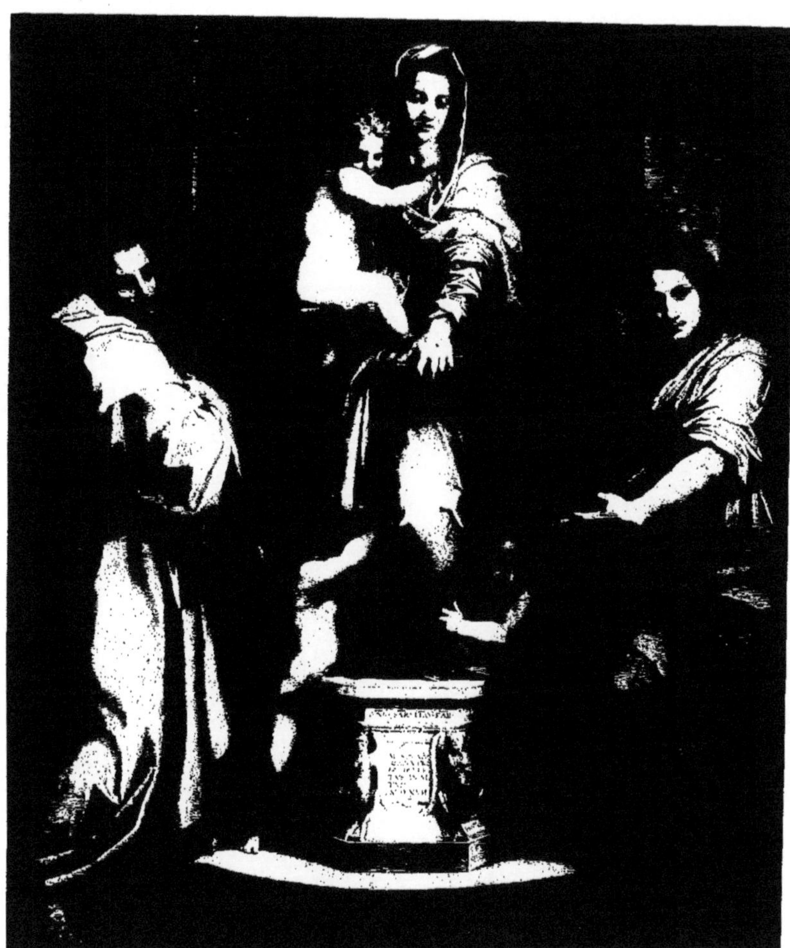

Andrea del SARTO.
La Madone avec l'Enfant entre saint François et saint Jean l'Évangéliste
(« La Madone aux harpies »).
(Galerie des Offices, Florence.)

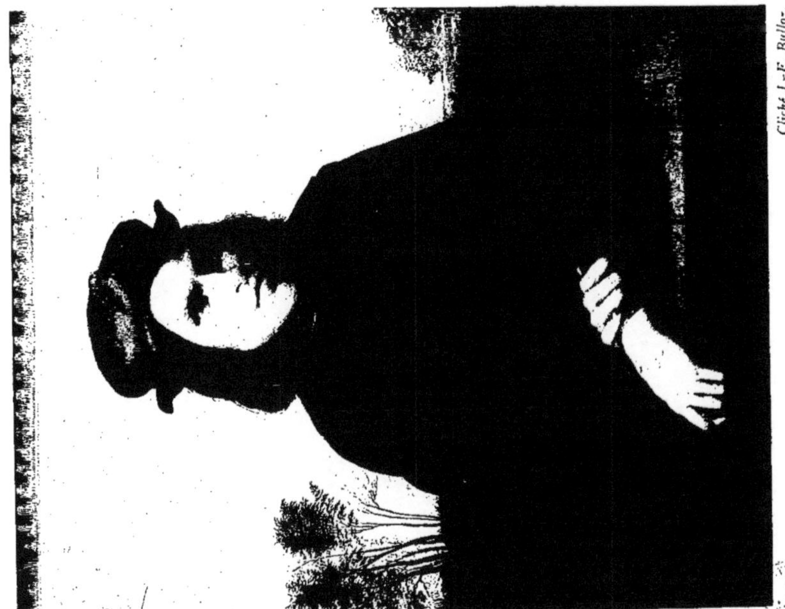

Cliché J.-E. Bulloz.

FRANCIABIGIO (attribué à)
Portrait de jeune homme.
(Musée du Louvre, Paris.)

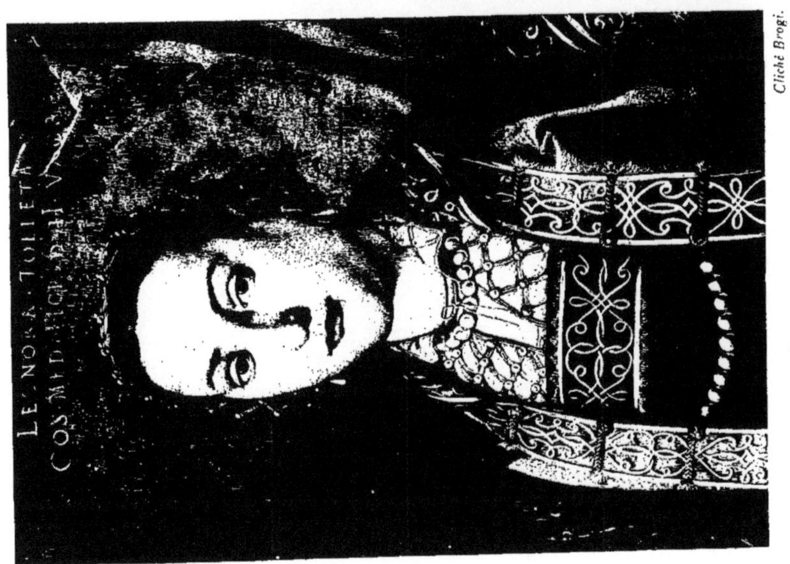

Cliché Brogi.

LE BRONZINO.
Portrait d'Eléonore de Tolède, épouse de Cosme Ier de Médicis.
(Galerie des Offices, Florence.)

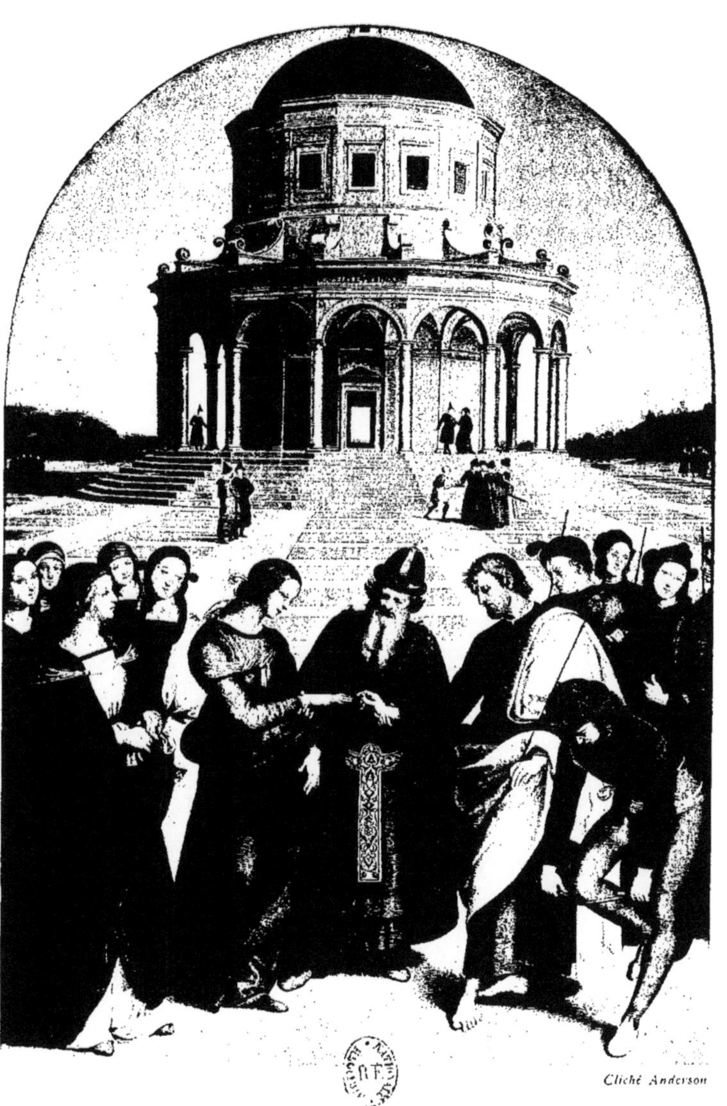

RAPHAËL.
Le Mariage de la Vierge.
(Musée Brera, Milan.)

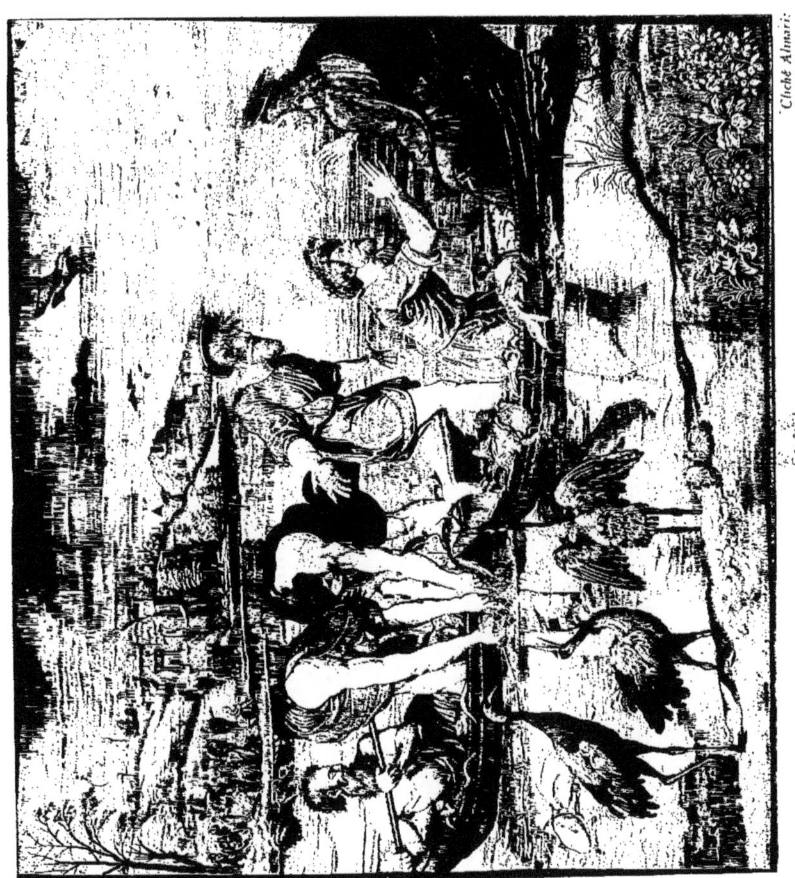

RAPHAËL. (d'après).
La Pêche miraculeuse,
tapisserie.
(Vatican, Rome.)

Cliché Alinari.

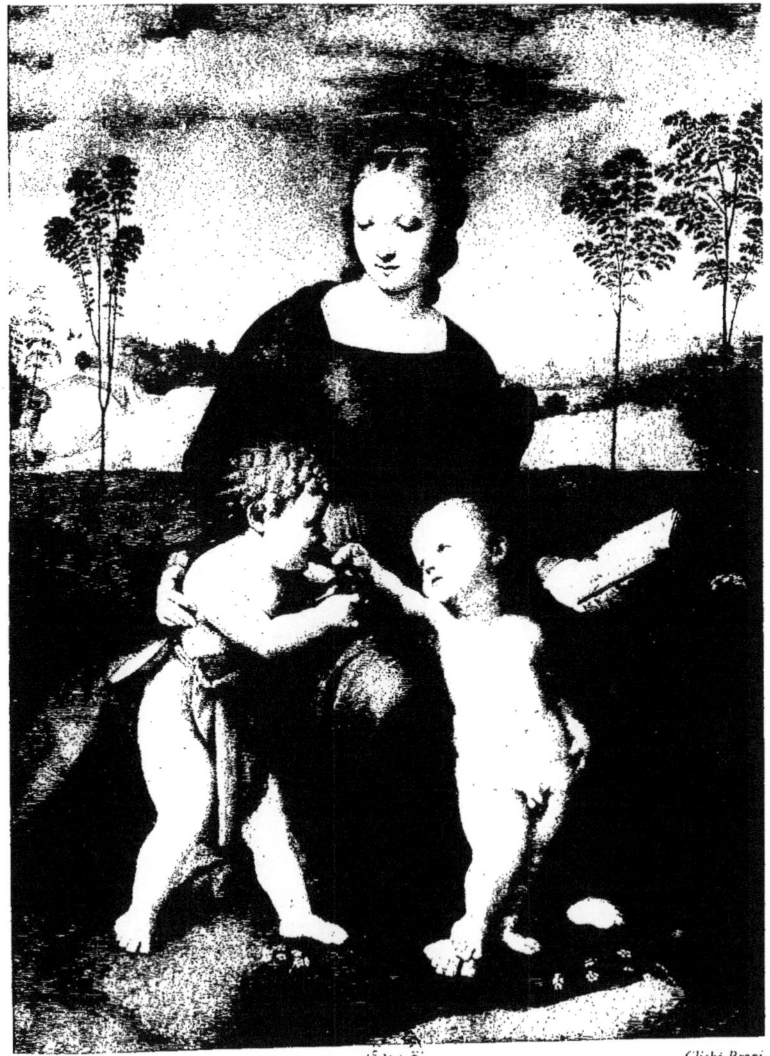

Cliché Brogi.

RAPHAËL.
La Madone au chardonneret.
(Galerie des Offices, Florence.)

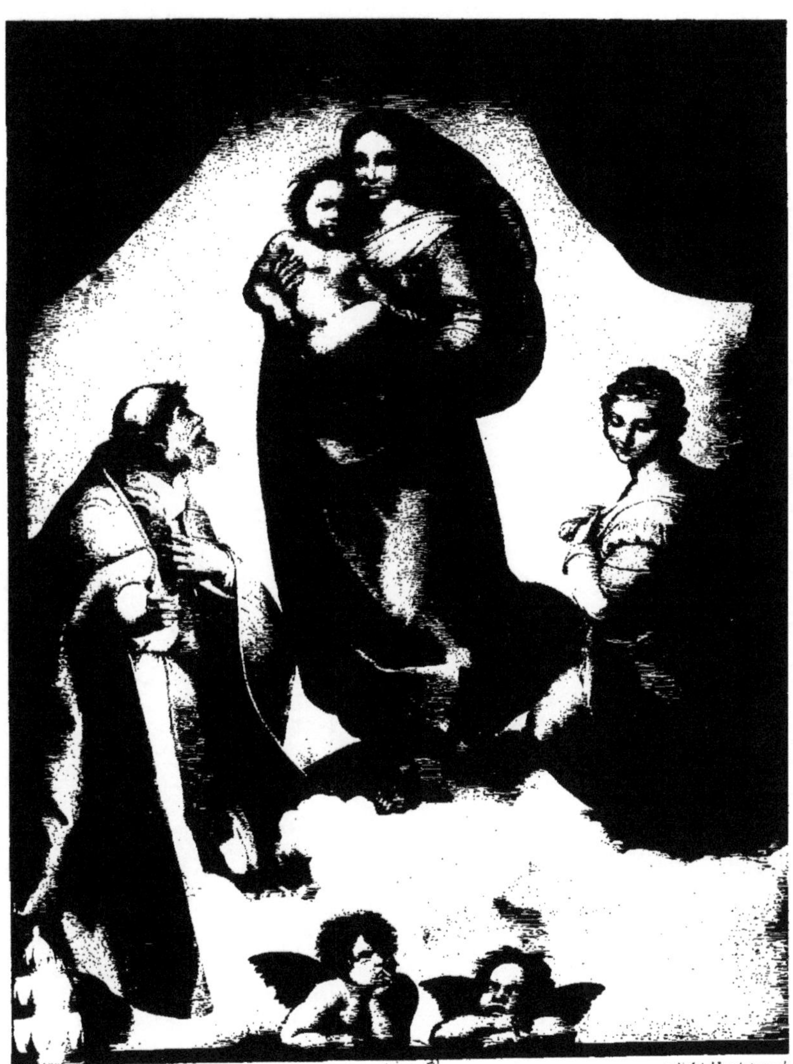

RAPHAËL.
La Madone avec l'Enfant entre saint Sixte et sainte Barbe.
(Galerie de peinture. Dresde.)

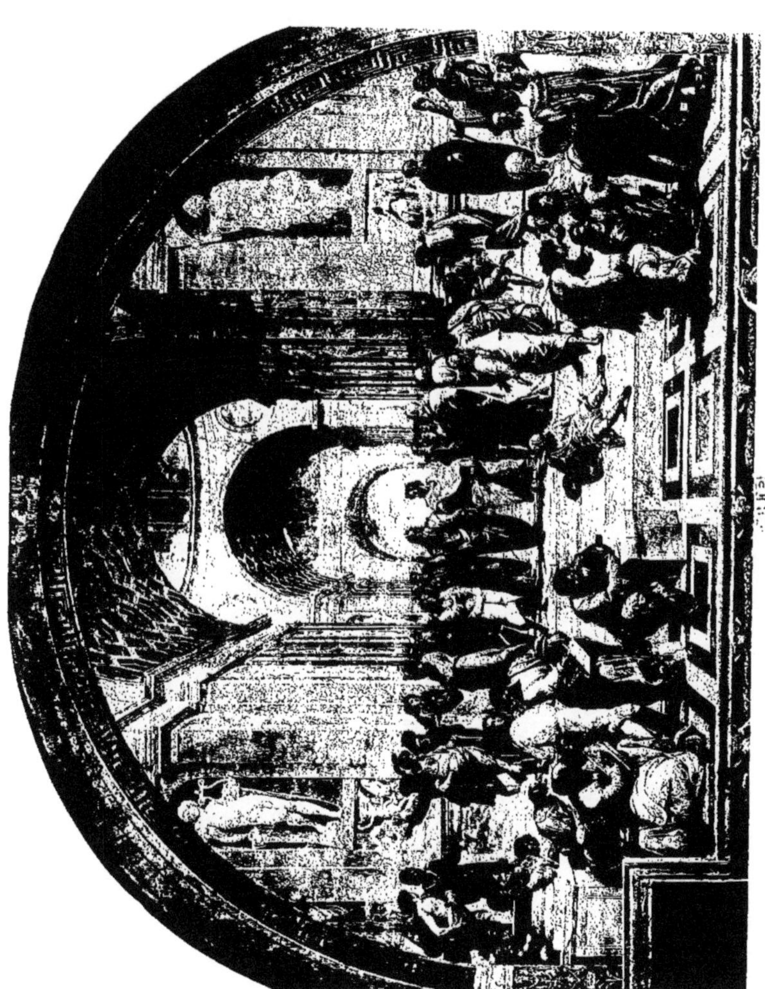

Cliché Anderson.

RAPHAËL.
L'École d'Athènes,
fresque.
(Chambre de la Signature, Vatican, Rome.)

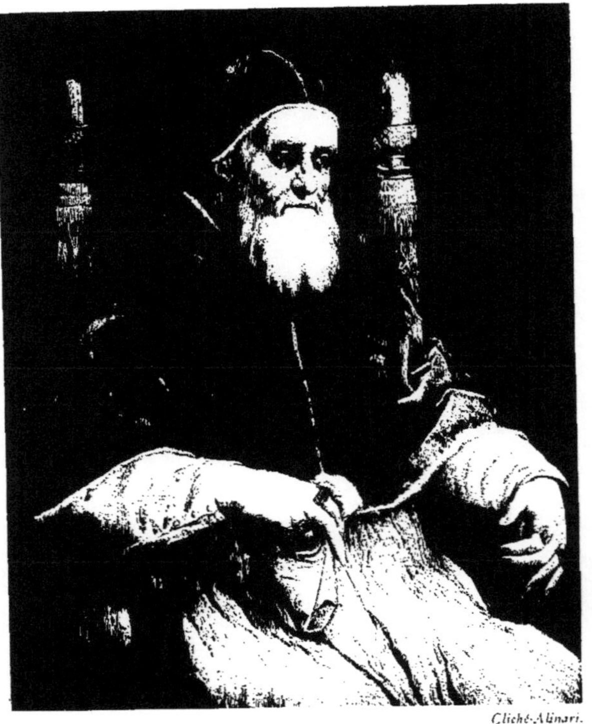

Cliché-Alinari.

RAPHAËL.
Portrait du pape Jules II.
(Galerie du Palais Pitti, Florence.)

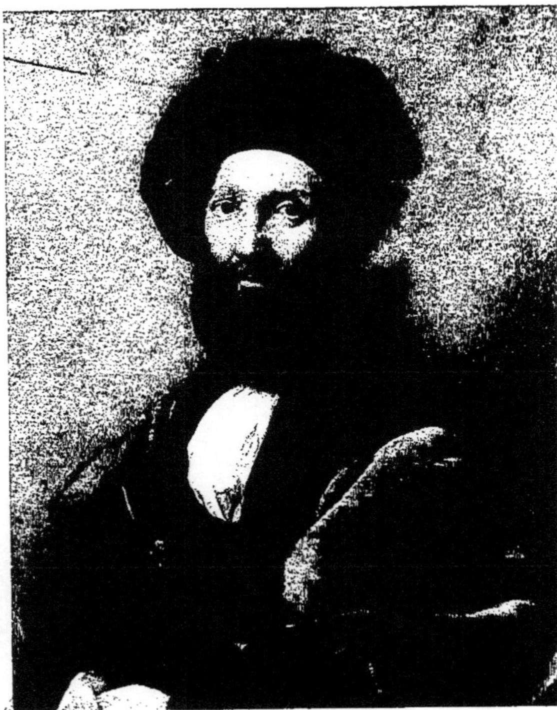

Cliché « Gazette des Beaux-Arts »

RAPHAËL
Portrait de Balthazar Castiglione.
(Musée du Louvre, Paris.)

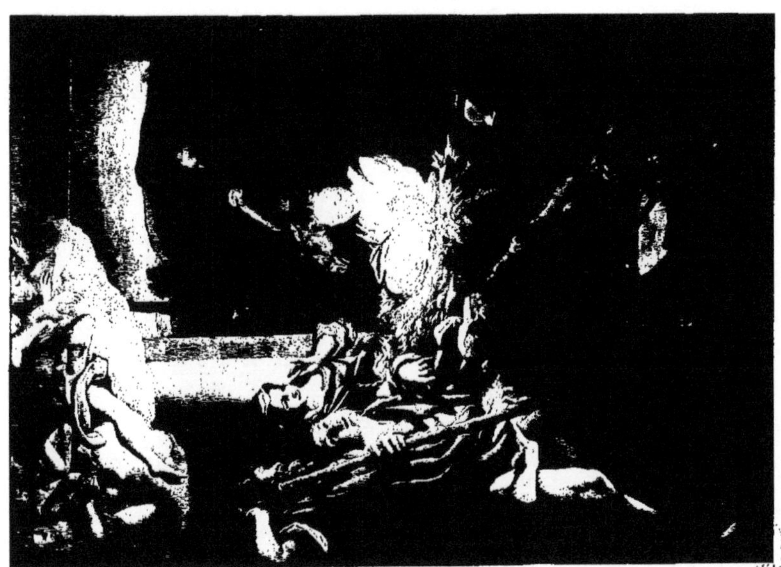

Cliché Braun.

Le Corrège.
La Nativité (« La Nuit »).
(Galerie de peinture, Dresde.)

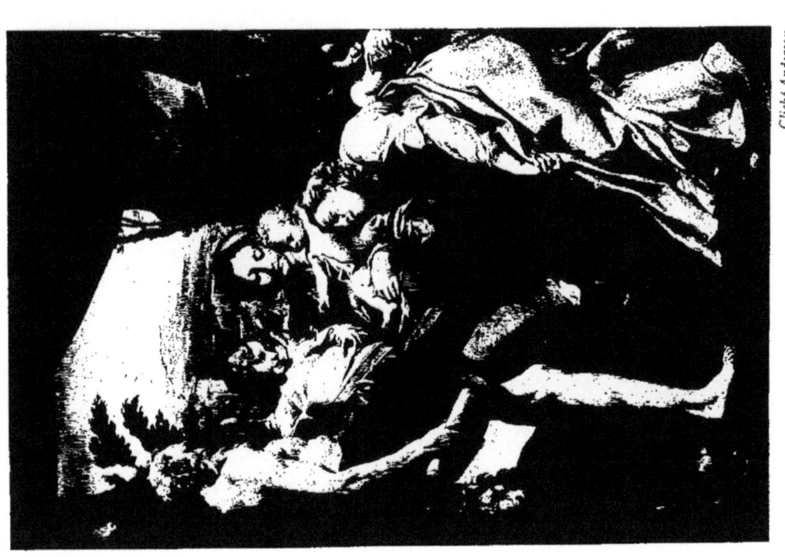

Cliché Anderson.

Le Corrège.
La Madone de saint Jérôme (« Le Jour »).
(Galerie de Parme.)

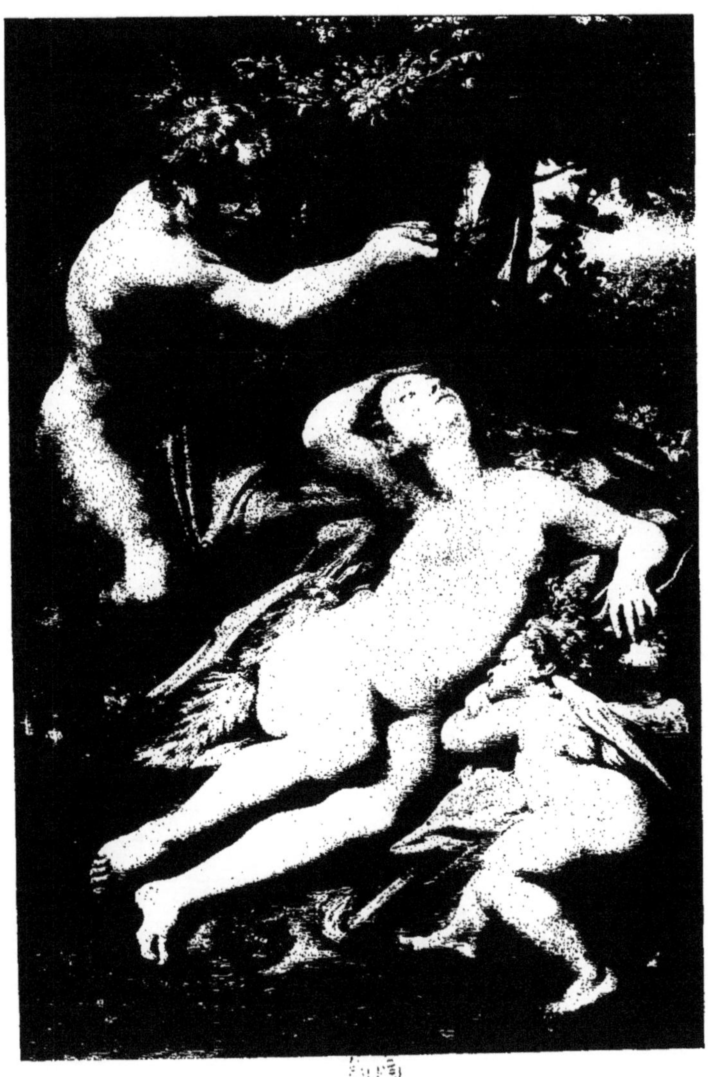

Le Corrège.
Antiope endormie.
(Musée du Louvre, Paris.)